U0607493

原来
孩子还可以这样养

应童 著

中国文史出版社
CHINA CULTURAL AND HISTORICAL PRESS

图书在版编目（CIP）数据

原来孩子还可以这样养 / 应童著. —— 北京：中国
文史出版社, 2022.11
ISBN 978-7-5205-3730-8

Ⅰ.①原… Ⅱ.①应… Ⅲ.①家庭教育 Ⅳ.①G78

中国版本图书馆CIP数据核字(2022)第176360号

责任编辑：卜伟欣

出版发行：中国文史出版社

社　　址：北京市海淀区西八里庄路69号院　　邮编：100142

电　　话：010—81136606　81136602　81136603（发行部）

传　　真：010—81136655

印　　装：河北京平诚乾印刷有限公司

经　　销：全国新华书店

开　　本：787毫米×1092毫米　16开

印　　张：14.75

字　　数：189千字

版　　次：2025年1月北京第1版

印　　次：2025年1月第1次印刷

定　　价：58.00元

文史版图书，版权所有，侵权必究。

文史版图书，印装错误可与发行部联系退换。

前言

在生活中，我常常遇到有人问我这样的问题：作为一名亲子导师，你在养育孩子这件事情上有着怎样的看法？这个问题要展开来讲，可谓一言难尽，但如果要抓一个重点来讲，我觉得还是要聚焦在与孩子的相处方式上。当父母打开自己的感官看向孩子的时候，往往带着很强的自我意识，总想纠正孩子的行为，总在现象层面不断调教。难道养育孩子是一个只能眼观、无从感受的事情吗？如果我们在感官层面稍微更改一下，试着学会聆听孩子的声音，在理解孩子声音的基础上增加高品质的接触，那亲子关系定会呈现另外一种姿态。

作为亲子导师，我也时常思考自己在养育孩子的路上都做了什么。我想，在对待孩子的问题上，我并没有试图呈现一种完美的教育。教育太完美就显得无聊了，这话说出来轻描淡写，根底里却是遗憾，因为任何一个母亲都无法让孩子得到全部满足。我试着用文字再现自己的养育场景，又担心会使读者感觉虚假，同时，我又不甘心在自己这个"母亲"的身份上留下遗憾，所以写了一本又一本亲子书籍。

我时常反思，在孩子诞生的那一刻起，为了让他们成为他们自己，我必须离开他们，写书的另一层意义，算是身为母亲的告别吧！

目录

1

育 女

无法自拔

昨晚小树坐在爸爸怀里一起开电脑赛车，小麦在书房编程，我在楼上小客厅泡脚。

我叫小树与小麦一起来泡脚，一直叫不出来，后来听到小麦一声嘶吼：我！不！泡！

再后来小树跑出来了，扶着门框：妈妈，我还要开汽车。

我说：小树和爸爸开汽车无法自拔，哥哥编程序无法自拔，妈妈泡脚无法自拔，我们全家都无法自拔，小白兔拔萝卜无法自拔，因为萝卜无法自拔！

我一口气说完，像竹筒倒豆子一样，小树哈哈哈哈笑得直不起腰。

她开始模仿我说的话，一边笑一边模仿，哈哈哈哈哈哈哈，房子里充满了笑声……

小树很自然坐到小凳子上一起来泡脚，小麦也从房间里出来了，他缓缓挪动他高大的身躯，扑通倒在楼梯上，挣扎着说出一句话：电脑有bug！

哈哈哈哈哈哈哈，哥哥无法自拔！

小树一直到躺入被窝里都在念念叨叨这个"无法自拔"。

这个童年的梗就这么种下了！以后小树上小学，学到"无法自拔"这个词语，她一定会把欢乐带给整个班级吧！

瞧我的新本领

早上，我收拾房间。小树在客厅看电视。

从房间里收拾出小树的两双小鞋子，我一只手抓着它们，很兴奋地走到客厅，举着鞋子对小树说：小树，快看妈妈的新本领，我一只手能抓四只鞋子！

小树抬起头看了我一眼。

我把鞋子放在地上，双腿跪下来，一边示范一边说：我是这么拿的，一个手指伸进一只鞋子，五个手指像五兄弟，他们是一个团队，大哥这一只，二哥这一只，三哥没事情，四哥这一只，小哥哥这一只，瞧，我抓起来了！

小树跑了过来，飞快地到门口拿来一只鞋子，说：妈妈，三哥也要拿一只！

于是，娘儿俩趴在地上开始练习本领，小树很轻松抓起三只，抓起四只也不难，五只太难了，因为小树的手太小了！

小丫头不气馁，认认真真地练习。

楼上的小麦哥哥在刷题，我去叫他：中午妈妈带你和妹妹去吃大餐，牛排还有意大利面。去不？

小麦头也不抬：你带妹妹去吧！

会教本领的妈妈，教出来沉迷于学本领的兄妹。

看到这篇文章的你，学会怎么教孩子学本领的本领了吗？

2021 年 3 月 16 日

两件事情

早上，我将小树的水杯装了水，放在门口，但却忘了带下楼。

车子快开到幼儿园的时候，小树突然叫起来：妈妈，我的水杯呢？

我一拍脑门：哎呀，对不起，妈妈忘在家里了，没有把水杯带出来。

小树急了：不，不，不，我要喝水的，我要水杯！

我说：真的很抱歉，水杯今天是没有带出来，你只能用幼儿园的杯子了！

小树说：我要自己的杯子，你去把我的杯子拿来！

我说：妈妈是可以回家把杯子给你送来，但时间成本太高了，送一下杯子至少要 40 分钟，妈妈今天有很多事情要处理，身体也不舒服要去看医生，所以妈妈不准备给你送杯子。

小树叫起来：我不要！我就是要我的杯子！

我说：小树，我们现在在谈两件事情，一件事情是妈妈忘了拿你的杯子下楼，妈妈觉得很抱歉，确实是我忘记了，所以妈妈靠不住，以后杯子还是要你自己管理。第二件事情是你让妈妈送杯子，妈妈确实也没有办法答应你。所以真的很抱歉我忘了你的杯子，同时我也没法给你送杯子，因为我不仅仅是小树的妈妈，我还是工作的应童老师，还是要去医院看病的病人，我不能每一件事情都做到。

小树不吭声了！

我说：你现在可以把两件事情放在你的手上，一只手放一件事情，你看看这两件事情，一件是"对不起，宝贝，我忘了拿你的杯子"。另一件是"妈妈不能给你送杯子，你可以用幼儿园的杯子"。这两件事情是独立的，小树与妈妈也是独立的。

这么说着，已经到幼儿园了，我停下车，拉开后座门，给小树解开安全带，她爬下车子，背着小书包与我说再见，心平气和地走进了幼儿园大门。

今天早上，教练群里有小伙伴问："什么是教练？"

这篇小文不是来解释"什么是教练"，但可以看到一个受过专业教练训练的妈妈，在与孩子的日常互动之中，对于过程、结构、思维模式、框架、信念等的高度觉知，有能力利用大成的角度，去探究一个人的"精神—情绪"矩阵。

所以，我聚焦的就不是小树讲的内容，而是让她学会如何管理自己的大脑及状态，侧重于在当下生成变化。

一个好母亲应作为一个改变媒介，让孩子去探究作为人类是如何发展和蜕变的过程。

2021 年 5 月 4 日

力气都不够怎么上楼

傍晚，与小树一起下楼。

回家的时候我手上拿着一个大包裹。

小树扯住我的裙子，抱住我的腰：妈妈，我没力气了！

我说：妈妈也力气不够，瞧，妈妈拿的大箱子，你说我们两个在力气都不够的情况下，怎么回家呢？

我说：小树，你放开手，站到旁边，妈妈示范给你看！

小树退到了旁边，我将箱子扛在肩膀上，大踏步向上走，一边走一边吹口哨：嘘，嘘，嘘……

走了半层楼梯，我兴奋地回头喊：小树，快看，妈妈一边吹口哨，一边走楼梯！

小树将两只手举起来，大踏步地开始走，一边走一边叫：啊呜啊呜，妈妈，我是恐龙！

吓死我了，后面有一只恐龙！我惊恐地向上爬楼梯。

恐龙沉重的脚步声越逼越近，快到六楼的时候，我的裙子被恐龙咬住了！

我大叫起来，跳到了门口，小树汗涔涔的，跳到我背后，我一转头，看到她笑眯眯的，露出尖尖的小虎牙。

就这样，娘儿俩在力气都不够的情况下，很开心地爬上了六楼的家。

2021 年 7 月 24 日

雨中寂静

穿过隧道。

小树问我：妈妈，为什么雨变大了？

我说：你很会观察！雨是云变的，天上的云有些厚，有些白，有些轻，有些重。

白云轻轻的，太重了就变成乌云，乌云越来越大，越来越重，哎呀，天上挂不住了，就变成雨落下来。

云在天上飘来飘去，一直在变化。所以，有时候下雨，有时候没下，有时候小雨，有时候大雨。

小树就很细心地观察车窗外的雨，雨大了，她懂得倒推到天上有一朵又黑又重的乌云。

情绪的天空也一样，乌云密布时化成雨，都是我们的泪水。但请记得：诸行无常，诸漏皆苦。唯有穿越到云层之上，才是湛蓝空寂啊！

2021 年 11 月 12 日

故事催眠法

昨晚与小树一起住民宿。

住的是星空亲子房，房子有阁楼，墙上有棉花做的白云，屋顶上挂满了水晶星星。

小树非常兴奋，不肯睡觉。

我关了灯，房间里黑漆漆的，小姑娘坐在床上大叫：妈妈，我不想睡觉！

我说：好的，小树不睡觉，你躺下来，妈妈讲故事给你听。

故事是要听的，小姑娘乖乖地躺在我旁边，毛茸茸的脑袋顶着我的胳膊。

我摸到她的脚，摸了她每一个脚指头，我对她说：妈妈讲五个哥哥和五个姐姐的故事。

她在我怀里咻咻地笑。

我摸到一个大脚趾，轻轻摩挲着，开始讲故事：

有一个妈妈，生了十个孩子，五个哥哥和五个姐姐。这十个孩子每天

7

都很勤快地干活。

第一天，大哥干什么呀？大哥去砍柴。

然后我摸第二个脚趾，接着说：

二哥干什么呀？二哥去种田。

我一边摸脚趾，一边说下去：

三哥干什么呀？三哥去挖土豆。

四哥干什么呀？四哥在放牛。

小哥哥干什么呀？小哥哥捉蝴蝶。

然后我摸另外一只脚的脚趾，一边摸一边讲：

大姐做什么呀？大姐要做饭。

二姐做什么呀？二姐在绣花。

三姐做什么呀？三姐在洗衣服。

四姐做什么呀？四姐去采茶。

小姐姐做什么呀？小姐姐在喂鸡。

十个脚指头都摸了一遍，身边这个小姑娘安静下来。

我开始摸第二轮，一边摸一边说：

第二天，大哥干什么呀？大哥打了个哈欠。

我讲完这一句，也打了个哈欠，然后我听到小树也打了一个哈欠。

二哥在干什么呀？二哥在伸懒腰。

我们娘儿俩都跟着伸了个懒腰。

三哥在干什么呀？三哥叹了一口气。

我们娘儿俩都跟着长长地叹气。

四哥在干什么呀？四哥伸长了他的腿。

小哥哥在干什么呀？小哥哥闭上了眼睛。

我的声音越来越轻，讲得越来越慢，抚摩也变得越加缓慢温柔。

我摸另一只脚的脚指头，一边摸一边轻轻说：

大姐在做什么呀？大姐盖好了被子。

二姐在做什么呀？二姐关闭了耳朵。

三姐在做什么呀？三姐准备做梦。

四姐在做什么呀？四姐抱住了妈妈。

小姐姐在做什么呀？小姐姐已经睡着了。

话音落下，窗外传来虫语与蛙鸣，房间里只听得到卫生间里排风扇的声音，还有小树在怀里均匀的呼吸声，她已经安安稳稳地睡着啦！

我在黑暗中莞尔一笑。

2021 年 2 月 3 日

洗衣服

临睡前，我把小树安顿在床上，自己去洗衣服。

小树跑过来找妈妈。

那就顺势教她洗衣服吧！

我对小树说：小树，你看着妈妈是怎么洗衣服的，妈妈还邀请你负责水龙头。

来，把水龙头打开，第一步是把衣服浸湿。

请把水龙头关上，接下来要打肥皂了！

打好肥皂就要把衣服搓干净。

请再把水龙头打开，现在要冲洗衣服了，一直洗到水的颜色变清。

9

好了，洗干净了，把衣服拎起来，看到没有，它有很多水，一只手抓住这一头，另一只手抓另一头，然后反方向扭，水就挤出来了，再扭，再扭，用最大的力气扭……啊，妈妈的力气用完了，你要不要试一试?

哈哈哈，你要多吃饭，长力气，长很多力气就可以像妈妈这样扭了!

好，你现在把衣服打开! 你做得很好，对，就这样抖一抖!

衣服洗好了，我们配合得很好，我们是一个很棒的团队!

钻到被子里，小树搂着我的脖子，让我给她讲故事。我就讲了一个《洗衣服的故事》，并且把它变成一首歌:

洗衣服呀有六步，

一步湿湿湿，

二步打打打，

三步搓搓搓，

四步洗洗洗，

五步挤挤挤，

六步抖抖抖，

我们一起洗呀，

我们是好朋友!

就在这轻轻的吟唱中，小树睡着了……

2021 年 2 月 27 日

用"催眠法"改变孩子状态

（一）

小树扶着茶几在玩，在往下蹲的时候，下巴磕到了茶几，孩子哇哇大哭起来。

如果你是母亲，你会如何安慰孩子呢？是不是马上抱起孩子，温柔地对孩子说：哦，宝宝撞到了很痛是不是？没事没事，妈妈在呢，一会儿就好了，一会儿就不痛了……

但小树有一个学过催眠的妈妈，小树的体验就变得不一样了。

小树的妈妈抱起小树之后，是这么对她说的：宝贝，你可以感觉到下巴的痛，而且非常痛。但你也可以感觉到你的心跳声，和你脚指头的移动，你也可以在心跳的同时感觉到耳朵里的声音。你能感觉到妈妈抱着你的感觉，你还可以感觉到你的小手正有力地抓着妈妈的衣服，你可以注意到每一根手指头，事实上，你可以把你手上的感觉全部转移到你的下巴……

小树慢慢地趋向平静。

（二）

在麻药没有发明之前，外科医生常常也是一个很棒的催眠师，能在手术时替病人做控制疼痛的催眠。

如果把催眠视为转变某人的意识状态，则任何有效的沟通都是催眠。

上面我对小树讲的话就是催眠，它很明显地改变了小树的状态，为什

11

么它会有效呢？如果你拆开来看这段话，我先建立了可以确认的事实，用话语去吻合她的经验，目的是获得亲和感。

但你必须会利用你所拥有的亲和感，要诀就在于能制造转变。你必须有高超的手法引导人们从目前的心理状态转变成入神的状态——从目前的心理状态循序渐进至你要他到达的境界。

没有受过催眠训练的妈妈，只会说：一会儿就好了，一会儿就不痛了。

这样的语言缺乏渐进，就像让一个人一步登到山顶，这是不可能的，所以这样的语言是无效安慰。

我从次感元为主的资讯着手，制造连接性，并引起诱导改变的心理反应。这里的秘密是：大部分的事并非都有关联，但一旦用了连接词，就给了它们关联性。

保持话语间的关联性，才不至于有从一种心理状态跳脱到另一种心理状态的情形发生，从而使催眠的过程更为顺畅，也使改变变得很自然。

（三）

一个学过心理学的妈妈，并不是养育自己的孩子就有了特别神奇的招式。而是在平淡无奇的生活场景里，在人人都听得懂的对话里，连接着深深的潜意识的海洋。

2018 年 8 月 12 日

父母的语言

早上与小树在门球场玩，空旷的球场上就我们娘儿俩。小树把小推车推倒了，这个时候怎么办呢？该怎么跟孩子讲呢？

我是这么说的，我很温柔地弯下腰，用小树的口吻对她说：妈妈，我能把车子摔倒，因为我很有力气。我也能够把车子扶起来，因为我很负责任。

然后我就不停地鼓励这个很负责任的小树，直到她扶起了小推车。

在家里，小树会摔玩具。我也同样地告诉她：我们的小树很有力气，把玩具摔那么远。我们小树也很负责任，把玩具捡回来，重新放回篮子里。

孩子总能够听话照做。

而这个时候，可以带领孩子转换，并让她明白因果逻辑。比如孩子手上拿着一个陶瓷杯，你就可以拿一个皮球给她，告诉她：来，小树，杯子给妈妈，因为杯子摔到地上会扎到小树的脚。皮球给你玩，皮球在地上打滚很开心。妈妈爱护小树，所以杯子让妈妈收起来，皮球陪小树玩。

孩子很顺从，这样的语言模式下，她不会倔脾气。

父母的语言不仅是语言，它同时塑造了孩子的神经链。爱孩子，请好好说话啊！

2018 年 10 月 23 日

陪伴

午睡醒来的小树，拉着我往门口走，嗷嗷叫着要出门。

我对小树说：小树可以出门去玩，等天气凉爽一点就可以出去，现在我们不出门，因为外面太阳很大，很热，我们不出去，等下阿姨过来烧晚饭，阿姨没有钥匙，我们也要留在家里给阿姨开门，所以我们现在不出门。

我和颜悦色地说完这些，小树还是不肯的，身子扭成一团，还要往门外扑。这个时候，保持耐心，温柔地坚持，我抱着小树离开大门，任由她在怀里扭成一团。我抱着她去阳台，问她：快看，对面的公路上有汽车！快听，你现在听到轰轰的声音了吗？那是什么声音？

小树被楼下挖掘机的声音吸引了，嘴里开始说"嘀嘀叭叭，呜……"

等她安静下来，我邀请小树与我一起打包寄书。她坐在地板上开始搬弄书本与包装袋。我坐在餐桌前飞快地签名写寄语。

过了一会儿，小树嗷嗷指着柜子，她想起了柜子里的糖。我给她一颗樱桃味的水果糖，她变成了一个温柔可人的小天使，坐在椅子上叭唧叭唧地吃糖。

午后的时间一分一秒过去，娘儿俩就这么度过了一个多小时。

在这个过程中，孩子有各种需求，有些需要温柔地坚持，让孩子明白哭闹是无效的，有些事情是不能由着自己的性子来的。有些痛快去满足，让孩子感受到妈妈支持我的需求，我是被爱护的。

而什么时候不允许，什么时候允许，这就需要父母的智慧啊！

2019 年 5 月 19 日

控制与满足

我在工作，小树进来了。很简单，我马上离开书桌坐到地板上，拍拍地板，小树就一骨碌坐在我怀里。我把两只脚扣起来，就像一扇门，小姑娘就非常开心。我说门开啦，然后打开双脚，小树就爬出去，回头笑眯眯地看我，然后又爬进来，我把脚又合上了，配合台词说门关啦！就这样玩一会儿，小树再一次离开我的怀抱，跑去客厅独自玩耍了，我重回到书桌前工作。

孩子来到妈妈身边，她有陪伴的需要，那就痛痛快快满足她的需要。根据当下的环境创造一些陪伴她的方式，有时候我也会坐在床上，小树就爬到我背上，然后我把身子往后一仰，小姑娘翻倒在软软的垫被上，就咯咯笑个不停。

如此，孩子会从母亲那里学到当我有需要时，妈妈及时满足了我。我是重要的，我是值得被爱的。

而有些母亲拼命给自己加戏，还攀爬道德高位。

比如，孩子一进来，就跟孩子讲道理：妈妈很忙，妈妈要工作，你自己去玩好不好？外面很多玩具怎么不玩呢？你长大了，要懂事了，吧嗒吧嗒讲一大堆。

而孩子往往收不到，还是要黏着妈妈。

这个时候就开始生气，内心的教条是：我这么辛苦工作还不都是为了你，你居然这么不懂事！孩子从小就要立规矩，不能这么无理取闹。不骂不成才，不打不成器。于是一番数落加上巴掌盖屁股，对着世界完成"你们快看我多么会教育孩子"的戏剧高潮。

孩子跟这样的母亲又学习到什么？——当我有需要时，妈妈不满足我。我是不重要的，我不值得被爱。我还受到了惩罚，那我一定是个坏小孩。

一个被充分爱过的小孩，长大之后自然懂得去爱别人，爱这个世界。

一个没有被充分满足过、爱过的小孩，长大之后才会去操控别人，并希望世界按他的意愿运转。

2019 年 5 月 23 日

没有不听话的孩子

（一）

小树，换尿包！

不要！

小树，妈妈检查一下你的屁股上有没有大便？

要！

（二）

小树，吃粽子！

不要！

小树，你打开粽子吃一口看看里面是肉肉还是豆豆！

好！

（三）

小树，睡觉！

不要！

小树，我们来玩一个睡觉的游戏好不好？

好！

16

（四）

小树，喝水！

不要！

小树，妈妈给你两个杯子，你把水从大杯子倒到小杯子，再从小杯子倒到嘴巴里好不好？

好！

（五）

小树，穿上外套！

不要！

小树，小手钻进隧道，从隧道出来去迎接一辆小卡车要不要？

要！

（六）

小树，你自己走！

不要！

小树，你牵着妈妈走！

要！

（七）

小树，上车！

不要！

小树，上车向妈妈学开车！

要！

知旻妈妈很想学语言模式，写这篇小文送给她。

2019 年 9 月 2 日

问题框架 or 效果框架

早上烧好了面条，让小树吃早餐。她不要吃，她要玩，要躲在帐篷里玩大灰狼吃小白兔的游戏。

孩子不吃早餐，这是不是个问题呢？

如果聚焦在"你为什么不吃早餐"，就会给孩子讲道理，会投射自己内在的担心，而孩子就会与你对抗，因为你没有满足她当下的需要。我就与孩子一起陷入了问题里。

我知道我要的效果是孩子及时吃早餐，同时也满足她玩游戏的需要。

于是我化身大灰狼爬进了帐篷，我凑上去用鼻子闻闻小白兔说：这个小白兔我不吃，我要吃面条味的小白兔！

小白兔就急起来了。急得要马上吃面条。

大灰狼重新变回老母亲，捧面条给小白兔吃。小白兔吃得又多又快。

面条吃完了，游戏继续玩。吃面条变成了游戏的一部分！既吃了面条又玩了游戏，效果达到了！

当事情发生的时候，聚焦于为什么会这样，就连接到了过去，冒出来的都是理由与借口。而聚焦于我要什么，我们就连接到了未来，连接到可

18

能性与资源，创造力就会被激发了。

2019 年 9 月 18 日

请给孩子真实的教育

小树的语言表达越来越丰富。

堵车的时候，她抬头看天，天上的浮云一动不动，会对我说：妈妈，白云在睡觉。

过隧道的时候，她会说：隧道张大嘴巴，啊呜，把我们吃掉了。

然后说：今天的小树很好吃，是草莓味的。

她打开米小兔，听到音乐声，过来问我：妈妈，你听听有什么？

我就问她：你听到了什么？

她听到水声说：水。

听到鸟叫声说：鸟。

听到蛙鸣声说：呱呱。

她有一种主动学习与无处不学习的特质。这是所有孩子的特质，只是很多孩子的这种特质，在她们很小的时候就被父母打压、限制了。如果孩子拒绝学习，这是因为学习对孩子而言，在她内在有不被她生命认同的理由。

孩子是比较感性的，当教学中没有打动孩子的部分，而是要说服孩子来学习，这就一定会有对抗。

我想起了前几天带小树去考坑古村，晚餐后在村子里散步，她指着石头房子上大大小小的石头，一块一块摸过去，仰起脸跟我说：妈妈，大！

妈妈，小！

我们就蹲下来，在明亮的路灯下辨别石头的大小、颜色与形状。当她无意中投掷出一块石头，石头碎了，她非常兴奋，知道了大石头变成小石头的过程。

这个时候，"大"与"小"的概念在她的心魂中变得鲜活起来！

所以重点就是：让孩子接受能打动她的教育——学习对孩子本身是有真实意义的，而不只是成人的想当然与我以为。

2019 年 11 月 9 日

日常教育里的感官秘密

（一）

早上，与小树一起坐在茶几前，她坐着她的专属小沙发，我坐在小板凳上。

在我家，会有一些匹配小树的小小的家具，沙发呀，桌子呀，椅子呀。比如她的餐椅，她知道那是她的宝座。通过专属于自己的物品，孩子一次次建立起自我的归属感。

我们一起吃瓜子。小树让我帮忙咬开瓜子。

我咬开一颗瓜子，嘴巴里吐出一粒瓜子仁，我发出"嗯哼"的声音，小树就伸手来把瓜子仁捉走，我把瓜子壳装在一个小小的塑料碗里。

几次下来，娘儿俩的配合已经非常默契。

我对小树说：小树，妈妈是瓜子机器人，瓜子机器人会发出声音，嗯哼嗯哼，意思是说"瓜子好啦，快来吃呀"。

小树很开心！

我对小树说：小树，现在你是倒瓜子壳机器人，瓜子壳倒到垃圾桶里会发出什么声音呢？

小树马上就抓起塑料碗跑向垃圾桶，然后发出"叽咕叽咕"的声音。

我拊掌大叫起来：啊，倒垃圾机器人会叫"叽咕叽咕"！

小树很开心地跑回来，重新坐到小沙发上，目光炯炯地看着我。

瓜子机器人立即进入工作状态，嗯哼嗯哼。

生产出来的瓜子壳被倒瓜子壳机器人叽咕叽咕倒进了垃圾桶。

这段吃瓜子的时光真的愉快极了！

从感官教育的角度，小树在不知不觉之间发展着听觉、运动觉、语言觉、思想觉、自我觉等方面的能力！

而有一次，小树太兴奋了，一把上来抓瓜子仁，手指甲碰到我的脸，好疼！

我叫了起来：啊啊啊，瓜子机器人被抓坏掉了，现在生产不了瓜子了，怎么办？

小树扑到我怀里，给我一个深深的吻。

（二）

我有一件黄色的开衫，上面绣着一颗黑色的心。

小树看见了，指指黑色的心对我说：妈妈，这个爱心生气了！

我说：是呀，瞧它的脸都变黑了，爱心生气的时候怎么办呢？你要去爱它，你爱它它就不生气了。一个人生气的时候怎么办呢？你要去爱他，你爱他他就不生气了。

于是小树轻轻地把脸凑上去，吻了一下黑色的心。

小树学习到了当别人生气的时候，要去爱，爱可以融化生气。

（三）

父母要坚定地承担起孩子的养育责任，既要确保孩子当前能力与准备学习的东西难度相匹配，也要给他们足够的智力挑战，确保他们维持最佳的学习和成长。要平衡好两者间的关系，这就是身为父母的智慧。

而从感官入手，是一条捷径，它让我们与孩子一起进入当下，进入真实的生活。

2020 年 3 月 5 日

母女互动

小树拿起一瓶糖果，打开盖子就往手上倒。

我对小树说：小树，是谁给你发了许可证，可以吃这么多糖？

她看我一眼，把糖果都放回瓶子里去了。

我对小树说：嗯，自由不是我想吃糖就吃糖，而是我想吃糖，但我可以不吃，一个自律的宝宝就是一个自由的宝宝。

小树拧好瓶盖，对我说：妈妈，我就看看。

我说：你可以看看，你可以看看这些糖果都有哪些颜色？

小树就认认真真地观察起糖果的颜色来。

在婴幼儿早期，孩子的大脑就偏向于通过与环境的自然互动进行学习。孩子的品德与能力是从不断的尝试、犯错与外界输入中得来的，孩子能从成功与失败的经验中发展更为复杂的处事之法，并在事情未按预期发展时学会调节情绪、发展智力。

一个个生活的小场景，一次次母女间的小互动，就是构成孩子语言发展、推理及社交能力的重要基础。

你有觉知到与孩子互动的每一个当下吗？

2020 年 3 月 8 日

顺应下的引领

小树要用手机玩小游戏。手机没电了，她就很生气，啊啊怪叫起来。

我对小树说：小树，怪叫不能让手机有电，你还可以试试哭鼻子，或者打滚，手机还是不会有电。

你现在给手机充上电，然后等待电充满，在等待的时候你可以去楼上看看哥哥，你也可以去找阿姨，让阿姨给你切水果吃，你有很多选择。

小树眼珠子骨碌碌一转，飞快爬下床去厨房找阿姨了。

不一会儿，小树端着两个小碗，一碗梨、一碗橙子，她脆生生地叫我：妈妈，我们一起分享吧！

吃完了水果，我们去楼上坐摇摇椅，玩躲猫猫，拍照片，追逐，她已经完全忘了手机这件事。

孩子喜欢什么，先去认同，让她能与自己的热情连接。然后用我们成人的智慧帮助孩子过滤出一些有益的活动，在顺应下的引领，孩子不会执着于什么，而是带着她的热情投入当下的画面之中。

2020 年 7 月 21 日

巧妙的回答

早上带小树下楼，经过五楼时，我们发现门开着。

小树问：妈妈，为什么门没有关？

答：是呀，为什么门没有关？抱住这个问题，把问题抱到幼儿园里去！

小树笑了！将双手环抱起来。

我也做出一个抱持的姿势，我对小树说：妈妈要把这个问题抱到车上去！

娘儿俩就这样开开心心地下了楼，上了车。车子开到半路，我问小树：小树，那个问题还在吗？

小树的声音在后排响起：丢啦！

我大吃一惊：啊？你把问题丢到哪里啦？

小树答：小区门口。

我说：好吧，那等你放学的时候，我们去找找那个问题还在不在！

小朋友总是有很多"为什么"的问题，有时候我们很苦恼不知道怎么回答，我们都聚焦要回答孩子提问的内容。其实，孩子只是需要反馈，那么你的反馈就要贴合孩子的心智，儿童尚没有发展纯理性的思维，他们的心智是图景式的，现在能明白为什么小树能与小树妈愉快地交流了吧？

2020 年 8 月 4 日

耐心养育

睡前。

小树说：妈妈，你陪我睡小床。

满足她，刚躺下又爬起来：妈妈，我要拉小便。

带她去外面拉了小便。

她说要去贝贝阿姨家，要找善善哥哥与如如哥哥玩。

然后要听冥想星球，要听这个，要听那个，要自己选……

然后喊脚痒，要涂精油膏。

然后要出去拉大便，要坐高铁去旅行，要去小星星游乐园……

可以有一百个念想来考验地球母亲的养育态度！

顺应她，又温柔地坚持，加上温柔的身体抚触，小树安安静静睡着了，不是被骂着入睡，也不是被打一顿入睡，而是在妈妈温和的回应中自然入睡了！

养的是孩子，同时也是养育自己啊！

2020 年 8 月 17 日

心象时间

离家十天，与小树没有联系。红猪默默承担起照顾孩子的全部责任，接送孩子，晚上陪伴，还参加了一次亲子运动会。

下午回到家，小树发烧了没去幼儿园。我推门进入，呼唤她的名字，楼上传来踢踏声响，并没有期待中的扑入怀里，搂着脖子叫妈妈的场景。

她坐在楼梯上，欢快地叫：妈妈回来啦！

我坐在她的台阶下，打开双臂去拥抱她，她却推开了！看起来十天不见，接触不良了！

接下来，小树一直跟着我，叽叽喳喳说很多话，我顺应她，将一切都放在一边，给予温柔的回应。

给她搓精油膏，拉黑窗帘关了手机陪她午睡。在被窝里她缩在我怀里，小手伸过来摸我的耳朵。

经过半天全身心的陪伴，到了晚上，恢复了十天前的亲密无间。

晚上本来有花艺课，我请假了，留在家里陪小树更重要。

心理学上，有一个词语叫"心象"。在这里指的是母亲在孩子心里存在的感觉。

在心象时间内，孩子是不会受到伤害的，超过这个时间，心象就会消失，孩子使用想象的能力就会停止。

随着年龄的增长，妈妈在婴儿心中会有一个相对固定的形象。

在这段时间内，孩子是凭着心中的形象坚持的，但是这个固定的形象、坚持的时间，也会受孩子的能力、孩子和母亲的关系、周围照顾者和母亲照顾能力的差距的影响。

心象的坚持时间就像一个充电的电池，这个电池用完了，孩子就会觉得很难受，但是如果这个电池能够及时地充电，对使用没有太大的影响。

嗯，及时充上电了！

2021 年 1 月 5 日

愉快互动

早上，我化身为服务员，给小树小姐提供早餐服务。

小树叫着：妈妈，妈妈……

我都很认真地提醒她：不，我现在不是妈妈，我是服务员。

小树就笑眯眯地改口，叫我"服务员"。

就这样，小树很愉快地吃了早餐。

我与小树喝茶的时候，小树就是老板，我是顾客。

就算我想吃一颗放在远处的车厘子，我都让小树变成快递员，让她开开心心地替我去拿过来。

每当与她在一起，我都会随机给自己安排很多角色，由此小树也拥有了很多角色。

这样的互动，往往很愉快。

就算发生了不愉快，那也是在游戏的情境中发生的，从游戏的情境中退出来，不愉快也就留在游戏中了。

大多数父母在陪伴孩子的时候，习惯是大人，变不成孩子，也无法灵活切换很多角色。所以很多孩子被迫要像个小大人一样懂事、听话。由此在身体里累积了很多的压力。

孩子就让她是孩子，是我们需要配合孩子的心智，变得跟她一样。而不是让孩子来配合父母，让孩子像个小大人一样来理解与体谅父母。

很多孩子被父母催熟了。而事实上，孩子来到我们的生命里，是让我们世故苍老的心，有机会重新变得年轻啊！

2021 年 2 月 14 日

谢谢你的帮助

这些天都与小树在小区门口的早餐店里吃早餐。我们娘儿俩都会点一袋光明牛奶，一碗咸豆浆，一屉小笼包。

今天在吃的时候，来了一个环卫工人，是个老人家，听口音是外地的，点了两个菜包，一碗紫菜汤。

那时，我们还有 6 个小笼包，小树说已经吃饱了！

我将 6 个小笼包端了过去，对那个环卫工人说：师傅，小笼包孩子吃不完，请你帮帮忙把它吃了，真的谢谢你，这样食物就不浪费了。

环卫工人很意外，连连说着"谢谢"！

我拉着小树，让她谢谢爷爷帮忙吃小笼包，然后一鞠躬就离开了！

在车上，小树问我：妈妈，早餐店是怎么开起来的呢？

我说：早餐店里有什么？

小树答：有小笼包。

我问：还有什么？

小树答：桌子和椅子。

我说：是的，有人会做小笼包，买了桌子和椅子，和你看见的在店里的所有的东西，然后就有了客人，还有你没看到但却可以感受到的流动的爱，早餐店就这么开起来了！

2021 年 9 月 26 日

抱着你的想法

昨晚洗澡，小树希望我在淋浴房外面放一个大澡盆，她要在里面游泳。她央求着：我要嘛，我要嘛，我就要去游泳！

我说：好的，你可以抱着这个要游泳的想法淋浴。

小树就进了淋浴房，淋浴很开心，她并没有失去要游泳的想法。

今天早上从镇上买菜回来，我建议她玩恐龙，她要看电视，她说：我要嘛，我要嘛，我就要看电视！

我说：好的，你可以抱着想看电视的想法玩你的小恐龙。

现在她坐在地上玩很久了，嘴巴里念念有词，她进入自己营造的恐龙世界里。她想看电视的渴望并没有被否定。

无论孩子提出什么需求，都要去尊重他们的需求，因为从孩子的角度，并不存在合理还是无理，只存在当下我的需要。

而尊重是内在满足，并不一定要外在满足。

2021 年 10 月 3 日

生活中的情商教育

晗晗生日那天小树很兴奋，在家她就说：晗晗姐姐是我的好朋友，我要和她一起吹生日蜡烛。

晚上到晗晗家赴生日宴，到了吹蜡烛的环节，小树爬上椅子，刚点上的蜡烛，马上就被她吹灭了。娟娟熊在边上叫起来：小树，姐姐还没有许愿，许了愿才能吹！

在我们看来，这是一句很平常的话，没有任何责备的意思，但小树很明显受惊了，她从椅子上爬下来，躲到我身后，紧紧贴着我的身子。

蜡烛再一次点亮，再叫小树一起吹，她怎么都不肯吹！在场的大人都开始哄小树，她的身体紧绷着，紧紧挨着我，不肯再参与其中。

我将小树带离餐厅，来到客厅的沙发上，我告诉她：是不是有点紧张？那就跟紧张待一会儿。后来晗晗也过来了，小树很快调整好状态，又和姐姐一起玩了。

生日宴会结束，回到家睡前洗漱的时候，小树突然说了一句：妈妈，刚才我在姐姐家，有点儿害羞。我说是的，妈妈看到了！你可以害羞，害羞的时候，你可以问自己，我要害羞多久呢？如果你一直害羞，就会错过很多好吃的好玩的。

小树接话说：我很快就好了！我说是的，妈妈也看到了，你很快就调整好了，所以你没错过好吃的食物，也没有错过和姐姐一起玩游戏。

小树笑了，我摸摸她的脑袋，对她说：你可以害羞，你也可以紧张，你也可以害怕，同时你可以问问自己，我要害羞多久呢？我要紧张多久呢？

我要害怕多久呢？我不想错过的是什么呢？

2022 年 1 月 15 日

为什么不哭的时候会流泪

前天早上在厨房里，小树突然问我一个问题：妈妈，为什么不哭的时候也会流眼泪啊？

我说：小树，这是一个好问题，妈妈暂时回答不了你，你可以问问爸爸。

过了一会儿，爸爸出现在厨房，我对小树说：树，现在你可以向爸爸提问了！小树就重复了她的问题。

红猪很有耐心，对小树说：眼泪，它还有生理作用，有时候眼睛里面进去了异物，眼泪就可以把异物清理干净，就像汽车的刮雨器把玻璃刮干净……

红猪说了一大通，小树听得似懂非懂。

将小树送到幼儿园，我去网上查了一下眼泪的作用，很认真地画了重点。小树放学回家的时候，我就告诉她：妈妈搞清楚了眼泪的作用有哪些。

跟小树讲完了，我反问她：现在你知道眼泪的作用有哪些吗？

小丫头老老实实回答：我记不住！

我摸摸她的脑袋，对她说：现在记不住没关系，你有很长很长的时间去搞明白眼睛为什么不哭的时候会流泪，一个好问题就像一条路，它可以带你在思想的世界里旅行。你是一个旅行家，从宇宙里的一颗星星上旅行到地球，从一个问题旅行到另一个问题，你享受你的旅行吗？

小树笑了，眼睛亮亮的，点点头。

看到这里，大家有什么感受呢？

小树会问出好问题，这不是重点，像她这个年龄的孩子，都会问出一些非常有意思的问题。重点是——孩子的这些问题被重视了吗？被认真对待了吗？

2022 年 1 月 30 日

形象自我 or 真实自我

红猪给小树买了一双手套，小丫头很欢喜，戴着手套跑来跑去，阿姨看到了，对小树讲：小树戴错了，不是这么戴的……

当发现孩子做什么事情没做对时，我们是不是会很自然地提醒孩子呢？

再想象一个场景，五岁的孩子在穿袜子，穿了半天都没穿好，作为父母在旁边看见了，可能也会很自然说一句：你怎么这么笨呀，连袜子都穿不好！

这是很常见的两种回应孩子的方式：一种是告诉孩子"你是错的"；另一种是直接在孩子人格层面贴一个负面的标签，比如"你很笨"。

一个人刚出生的时候，内在没有观念，没有规条，没有自我意识，就像一张白纸。孩子是如何从生活中学习的呢？

首先，孩子会从环境中吸收各种各样的信息，我们对孩子所有的回应都会进入孩子的内在。在六岁之前，孩子是不懂得筛选信息的，所有的信息照单全收。这些信息原本是在孩子的生命之外的，是属于孩子生命之外的智慧，它帮助孩子形成一个外部构建的自我，我们可以把它叫作"形象自我"。

另外，孩子透过自己的感官体验，形成认知。比如孩子口渴了，要喝水。她透过观察，看到妈妈怎么倒水喝，直接模仿妈妈的行为。如果第一次孩子喝到的水有点儿烫，味觉是一个防护的感官，由此启动防护，不再喝水，直到触碰到水杯，感受到适合的温度，再继续喝水。在这个看起来很简单的喝水行为里面涉及很多感官的运作，孩子由此积攒经验，而这些经验是属于他自己的，它帮助孩子形成一个内部构建起来的自我，我们可以把它叫作"真实的自我"。

我们再回来看小树戴手套的例子。她戴错了，是因为一开始没有人告诉她正确的标准，没有人在旁边示范。她按自己的方式戴上了，"戴上"与"戴好"是有区别的。戴上意味着她有能力，戴好则意味着她的能力已达到优秀。

在成人的世界里，我们不可能让第一天上岗的学徒做到熟练工的标准，我们对学徒是有宽容度的，学徒期是三个月或者半年甚至更久的时间。但我们对年幼的孩子却常常很苛刻，希望他一做就做得很好！我们总是评判他的行为，告诉他你是错的，再给他贴一些负面的标签，孩子没有机会去构建真实的自我，慢慢地就活进了别人对他的评判里！

每当阿姨这么评价小树的时候，我都会温柔地提醒阿姨，让她不要讲。不仅我们不要讲孩子做得不对和不好的地方，我们也不能总夸孩子做得好，我们对孩子的表扬和肯定会帮孩子局限在某种方式里面。正确的做法是视若无睹，允许孩子尽情体验，或者如实反馈孩子的表现，并鼓励他做新的尝试。

今天中午吃饭的时候，小树趴在地板上写字，我很惊讶，她突然写出了很多阿拉伯数字，没人教过她写字。她内在的智慧就像一眼泉水，汩汩地往上冒出来。

2022 年 2 月 16 日

神圣母亲

我蒸了包子，待它变温热，递给小树吃。小树接过去瞅一眼，狠狠地往地下一扔，自顾自地跑开了。

我削了一个梨，递给小树吃。她双手捧着，一边吃一边吐，不一会儿，胸前湿了一大片，地面上全是梨的碎末。

我给小树洗完澡，想着夏天热，不让她捂着尿包，刚给她穿上干净的裤子，一分钟不到，尿了！抱她重回浴盆洗干净，换上一条新裤子，三分钟不到，拉屎了！

吃奶的时候，她一边吸一边用手揪我的身子，肚皮上伤痕累累，胳膊上都是指甲印，很痛啊，但你能打击报复这个小女孩吗？当然不能，于是只好忍着，她冲着你笑，你还不能把脸绷着。

行李箱被她打开了，里面的行李被她一件件抓出来，铺满了地面，你收拾的速度赶不上她破坏的速度，你能怎么办？打不行骂不得，你还不能失控，所以你只好眉开眼笑地夸她：哇，小树很棒呢！力气很大呢！哇，小手很敏捷呢！

花了两小时熬好的营养粥，用勺子送到她嘴边，她伸出手一拍，粥都洒到了地上与衣服上，你用纸巾擦干净，再送一勺给她，她手又一拍，这下粥与勺子一起拍到了地上。你默默放下她，得了自由的她欢快地跑去爬楼梯了，你蹲下去擦地板，猛一惊，冲到楼梯口，继续当一个慈爱的母亲，做她的安全基地，让她有信心去冒险。

你好不容易坐到电脑前处理一点紧急工作，她爬上了书桌，魔手伸向键盘，你把她抱到地上，她哼哼唧唧不开心，再一次锲而不舍地往桌上爬，你不能让她得逞，三番五次地抱她到地上，直到她崩溃大哭起来，于是你离开电脑，把她搂在怀里。她没有得逞电脑，但她成功霸占了妈妈。

不要说一个从小没有被呵护关爱过的女性来养育孩子，就算是一个内心饱满、爱意满满且受过心理学训练又有强大的支持系统的女性来抚养孩子，也是一件不容易的事情。因为她要面对的孩子，不仅自私、色情、肮脏，而且还脾气火暴、倔强、贪婪。一位承载着这些情感中的一种或多种的父母会毫无缘由地对孩子的这些表现变得无法忍受。这里的起源是：父母通过孩子眼中的尘埃来回避看到自己身上的光芒。

看到这里，如果你是一位母亲，请记得嘉许自己，你若能好好养育你的孩子，等于你接纳了心灵的阴影，对于孩子而言，母亲是神一般的存在。而如果将一个孩子交给一个大修行者照顾试试，再高的修行人面对着孩子，也会手足无措起来呢。

2018 年 8 月 19 日

养育

因为回老家探望表姐，我与小树有四天三晚的分离。昨天晚上回到家，我的心情是如此急迫，想把她搂在怀里，结果回家时，她已在床上酣睡。我满怀爱意瞬间遇空，眼巴巴等这个舒展四肢安睡的小孩醒来，但等了好久都等不到，于是我就在她身边躺下来，迷迷糊糊也将进入梦境时，这个小孩却有了响动，我一骨碌爬起来，轻轻唤她名字。

她睁开眼，看见我不惊不喜，翻身坐在床上，小手指指房门，嘴里发出哦哦的声音。我把她抱在怀里，她没有搂我特别紧，一如平常无数次抱起她的样子。

来到客厅，老公与小麦坐在沙发上看电影吃牛肉干，小树也要吃牛肉干，于是从哥哥手中抢夺了一大块，津津有味吃了起来。

在客厅里玩了大半个小时，我重新抱她回房间。这个时候她记起了她的两个奶罐，用手扒我的衣服。然后吸着奶慢慢地睡着了。

与往常的情境无有差别，仿佛我不曾离开过。没有惊喜、没有疏离、没有愤怒，她是如此稳定、自如与喜悦。十年的心灵成长，在这个孩子身上显化出平静与定力。那么多堂线上线下的亲子课程，在这个孩子身上体现出价值与意义。

孩子要的不是一个完美的母亲，而是一个不断成长的母亲。在孩子还很幼小的时候，妈妈就是孩子的一面镜子，妈妈的不断成长与改变，令孩子在"妈妈镜"中不断照见新的自己。感谢小树，让我更精微地看见并承认自己的不足，更加有动力完善自己，养育的是她，疗愈的却是自己。

2018 年 9 月 16 日

天使的手指

周一黄昏的时候，我们到了佑丽已装修好但尚未入住的新家参观。

房子在顶楼，有一个小小的露台，花坛里种着一些蔬菜，番茄还是青的，辣椒成熟了一个，茄子在开花，韭菜长得整整齐齐。

佑丽说割韭菜回去，我们商量着晚餐包韭菜虾仁饺子。端端在客厅里玩汽车，小树在阳台的水缸里舀水，我举目四望。眼睛的余光看见佑丽去厨房拿工具割韭菜，又看到小树也跑过去蹲在旁边，突然听到佑丽叫起来：小树，你不要动！

紧接着又是一句：小树，你怎么流血了？

冲上去一看，小树的手被刀割破了，鲜血直流。

佑丽连忙去拿纸巾，但血一直流，很快渗透纸巾，我的手上也都是血。想必伤口割得很深。慌忙下楼去小区门口的社区医院。医生让我们打车去市医院。

接下来，两个妈妈带着两个孩子，急急忙忙去市医院送急诊，小树在怀里哇哇哭着，血还在流！

到了医院，挂号找医生，一通忙碌。打了麻药，做了探伤检查，医生说差一点就伤到筋脉了。打了破伤风。整个治疗过程小树哭得肝肠寸断。我握着她的手肘，配合医生的治疗，一边轻轻对她说：小树很痛呢，想哭就哭哦。小树现在知道了，刀具是很危险的，怎么用刀具是需要学习的呢！很痛很痛就是在提醒小树，要保护好自己呢！现在医生在帮助小树，帮助小树从宝贝升级成天使，医生在检查小树是不是拥有天使的品质，等一下你会看到一个白色的手指，那就是天使的手指呢！

等到治疗结束，小树果然有了一个白色的手指，我又兴奋又激动地对小树说：小树，快看，你有了一只天使的手指！你现在变成天使啦！

打车回家的路上，小树沉沉睡着了。醒来之后，她举起那只被包扎成白色的手指，我对她说：小树，你现在变成天使啦，你拥有一只天使的手指！瞧，妈妈都没有这样的手指！

小姑娘很骄傲地仰起脸笑，我俯下身去亲吻天使的手指。

接下来几天，小树都很平静，洗澡的时候将天使的手指用保鲜膜保护起来，举得高高的。吃红枣的时候拿两颗，一颗给我，一颗给自己。我对小树说：小树吃红枣，一颗自己吃，一颗分享给妈妈吃，分享是天使的品质呢，小树果然是一个小天使！

过了三天，要换药了，换上的新纱布是紫色的。我对小树说：哇，小树又升级啦，白色变成了紫色，本来是小天使，这下升级变成大天使了！

最后，我想与各位家长分享的是，作为这次小树意外受伤事件中的母亲的我，在整个过程中是平静与稳定的，既不紧张孩子的伤口，也不攻击自己没有把孩子照顾好。当然，防止孩子受到严重伤害是父母的责任，也是父母必须保障的事。但我们要坦然接受孩子受些小磕小碰，这些小伤是孩子童年经历的必要部分，如果想要成长为一个有能力的成年人，这是非常重要的体验。

毕竟，天使孩子是天使妈妈生的。

2019 年 7 月 20 日

做孩子的安全基地

小树还是有点发烧，昨晚八点多就陪她睡下了。

到了午夜一点，她把我弄醒了。

小姑娘坐在被窝里，撅着嘴。

问她需要什么，也不说，一只手紧紧抓着被子，两只脚扭来扭去。

她把我赶出了被窝。

然后她就哭了起来，眼泪直流。

问她：要喝水吗？要抱吗？要尿尿吗？要看汪汪队吗？要听故事吗？

都不是。但又不肯说，只是呜呜哭着。

我靠近她，她又把我推开。我就站在床外，温柔地帮她拭去鼻涕与泪水。

大约半小时之后，她终于肯让我抱了，我把她抱在怀里，用被子裹紧她，她慢慢安静下来，重新昏昏欲睡。

我把她放回被窝，她摸着我的脸，我问她可以关灯吗？

她轻轻地说了一个字：好。

于是伸手关了那盏昏黄的小台灯，在黑暗中她紧紧依偎着我，一只小手在我的脸上摩挲，慢慢睡着了。

我轻轻爬起来，看了下时间：1：50。

足足50分钟，一个哭闹的孩子重新安稳睡去。

我不知道发生了什么，让小树在半夜里哭泣一场，我只能猜测她或许是做了一个噩梦，或者是身体哪里不舒服，或许是那个时候有什么情绪升起，我能主导的是我自己，当面对这样的情况，是否始终如一保持稳定与平和，当她感受到动荡，感受到不安，感受到不舒服的时候，身边那个稳定的妈妈就是她的安全基地。

心理治疗是一个很慢很慢建立关系的过程，一个人喜欢做菜或养花，是慢慢地和环境中的物建立关系的过程，我喜欢写作与演讲，是透过这样的表达载体，慢慢地建立与自我关系的过程。建立关系需要耐心，是很缓慢的，也因此我们可以细腻地体察生命。

除了慢以外，早期父母对孩子的重要承诺："亲爱的宝贝，我爱你，我永远不会离开你"，这些母亲对孩子说过的话会成为恋人承诺的原型，带领我们进入一段亲密关系。

从更大的意义上来讲，一切我们儿时的人和物都构成了我们的回忆，也构建起我们与世界的关系。如果小树这一场哭闹，被母亲解读成无理取闹，问什么不说，说什么不听，想快速解决问题，而采取骂了又打的措施，这样的经验就形成了一个人焦虑的来源。

我真的很庆幸自己学习了心理学，并且十年如一日，持续坚定走在这条道路上。它的意义与价值就在于这样的夜晚，我能自然而然地行使出这样的养育，能写出这篇小文。

2020 年 1 月 15 日

独自带娃

第一天

一大早，红猪背着包去外地出差了，五天后才回来。

小麦昨天也返校了。家里就剩我与小树。

九点钟，阿姨过来上班的时候，我们娘儿俩已经吃了早餐，我让阿姨照看一下小树，自己出门去保险公司，将小树住院的发票带过去，走理赔程序。

办事很顺利，回到家，阿姨在准备午餐了，我带小树下楼，楼下小花园里有两三个玩伴，小树骑着滑板车，滑得飞快，她蹬腿，加速，俯身抬腿，滑出优美的弧线！一会儿又和小伙伴们占领一台三轮车，在上面办家家。

我在花园里散步，墙角有紫色的小花，另一个角落里的鸢尾长得极茂盛。桂花树枝叶浓密，香樟树下经过时有清香。

看了看时间，到饭点了，小伙伴们依次散去，小树也很爽快地回了家。

饭后，洗了个澡，将主卧的被单与枕套换成新的。阿姨收拾完厨房就回去休息了，我陪小树玩了一会儿，带她上床午睡。主卧的遮光窗帘密实得很，拉上后整个房间漆黑一团，搂着孩子掉入无边深渊，沉沉睡了一觉，醒来竟已五点，听到门外有声响，阿姨已过来烧晚饭了！

我起床，小树也醒了，人尚未清醒，却记得要到楼下去玩。带下楼遛

40

了一个小弯儿，接到小麦的电话，让我将编程竞赛的奖状送到学校去。

饭后，嘱咐阿姨做完工作就可以回家。我找到奖状，带上小树开车去小麦学校。

出门了，小树惦记她的小伙伴，要找诚诚哥哥玩。顺她的心意联系了美美，她们正准备出门去新华书店，遂带了一程。

小树还不肯回家，我提议找呦呦妹妹玩，于是联系了伟燕，结伴带娃，一起喝茶。

后来伟燕家又来了客人，有一个小半岁的妹妹，三个小女孩都是相隔半岁，小树最大，一起玩得很和谐。

我们几个大人慢慢喝着茶，聊孩子的教育与蔚来的车子，本来明天去提车的我，接到通知改到了下周一，而伟燕家蔚来已经开了一段时间，告诉我很多用车的细节。

八点多，小树说：妈妈，我想回家啊！

于是大家起身，我招呼孩子们将玩具归位。着手整理凌乱一地的玩具。现在小树还没有很好的能力将物品收拾得整整齐齐，但至少，她学习到了离开别人家的时候，要将玩具归位。她做得还没那么好，但至少知道需要怎么做。

回到家，小树玩恐龙，我入亲子群与学员们交流。又与芊蓁打了一个工作电话，然后给小树洗澡，吹干她的头发，睡前给她做了腹部按摩，贴了足贴。

小树很快就安然入睡了，一箱恐龙被她放在枕边。

回到电脑前工作，写下今天的流水账。

独自带娃第一天，平静、安然。

米兰·昆德拉说："负担越重，我们的生命越贴近大地，它就越真实。"

2021 年 5 月 8 日

第二天

早上起来，下着倾盆大雨，我做了水果麦片，切了一个苹果，娘儿俩吃简单的早餐。临近九点，发现雨还是很大，打电话给阿姨，让她等雨小了，迟一些过来上班没关系。

小树要我陪着她玩，与她设框架，一起玩一会儿，再分开各自做事情，中午雨停了，午饭有猪肝汤，又炒了一个空心菜，下楼去拿包裹，邻居萍萍送我一袋苦麻叶，葱珠大姐送我一袋笋。

午饭后小树嚷嚷着要出门玩，地面还很湿，我哄她睡觉，答应她睡醒了可以出去玩。小树不情愿，但还是在一阵翻来覆去之后，慢慢睡着了！

醒来已是黄昏，阿姨已经过来上班了。我遵守承诺带小树下楼，她骑滑板车，我散步。到五点半回家吃晚饭。

小树晚餐吃得很快，米饭拌着菜汤，一下子就吃完了，开开心心地要出门找呦呦妹妹玩。

我让她等一下，等我讲完一节课。

七点多，处理完工作，就开车带她进城了！今天穿了一条长裙子，一个绣花的斜挎小包买来很久了，发现搭这条裙子还挺好看。

小树带着她全部的恐龙，我们进城买了吐司与牛奶，在呦呦家玩到九点半。

告别的时候，同样给玩具归位，我收拾的时候，小树主动清扫地面。在门口告辞，我感谢呦呦分享玩具的空间给小树姐姐，小树感谢呦呦妹妹与她分享贴贴纸。

回到家，带孩子换睡衣洗漱。今天的衣服都是小树自己换的，还有洗脸刷牙，她很骄傲自己能做到这一切。

临睡前给她做了腹部按摩，贴上足贴。她很快就睡着了。

悄悄起来，打开电脑专注工作。不觉间夜已深，又写下今天的流水账。回看了一下，平铺直叙，只听到窗外又有淅沥的雨声，人生不过是怀良辰以孤往。

2021 年 5 月 9 日

第三天

早上起来，烤吐司、热牛奶，树公主的要求是吐司要切成长方形，她要蘸着牛奶吃，我手脚麻利地按公主殿下的指示操作，公主又说：妈妈，我不要去幼儿园。

本宫很认真地对她说：吐司我们可以吃或者不吃，上幼儿园这件事，你可以吃吐司去，也可以不吃土司去，不管你吃不吃吐司，都是要去的。

吃了早餐，我就带着她出门了。她捧着一筐恐龙，说要恐龙送她上学，公主殿下排场大，上学都要三十几只恐龙护送，我还是乖乖开车吧！

到了幼儿园，她就开开心心进去了，头也不回。

我开车去了花店，小芳正在店里包花，明天就是母亲节了，她在包扎康乃馨，我挑了郁金香、小雏菊、洋甘菊、圣星百合，小芳又送了我一大把石竹，回家后，清洗花瓶，注入清水，再细细打理花束，又去阳台上剪了一束玫瑰，很快家里各个角落都充满了鲜花。

阿姨中午做了粉丝，蒸了我爱吃的番薯。

饭后，准备张罗一个教练节，但暂时却找不到教练，我去书房跑步机上攒了一些步数，接到妙妙信息，约我去做面膜，立即回复她：我马上来！

徒步进城，美美地做了一个面膜，又去洗了头发，三点多，焕然一新，也一扫疲惫。

叫了一台小蓝车回家，处理了一些工作，阿姨过来做晚饭了，我告知她晚上小麦会回家，多加两个菜。

43

我去接小树了！

小树从幼儿园跑出来，手上举着手工做的纸花，甜甜地笑着对我说：妈妈，祝你母亲节快乐！

我蹲下去，把她搂在怀里，回应她一个温柔的拥抱，对她说：妈妈收到你的祝福，心里很温暖呢！

小姑娘歪倒在我的怀里，举着她的手工说：妈妈，这是我做的，送给你的礼物。

我说妈妈好喜欢你的礼物，现在妈妈带你去看姨婆，明天母亲节了，我们去祝姨婆母亲节快乐！

小姑娘很兴奋地跳起来：啊，那这个礼物我要送给姨婆！

我带着小树，开车去了养老院，小树执意要带上她的恐龙给姨婆看。

姨妈见到我们很开心，小树送上礼物，还煞有介事地跟姨婆介绍恐龙。一个垂垂老矣，一个童真稚气，两个年龄相差78岁的人，一下子就建立起友谊。

我去找医生了解姨妈的近况，与医生沟通后续的治疗方案。待了大半个小时，一看时间不早了，得回家吃饭了，遂告辞离去。

回到家，饭菜已经端上桌，小麦在书房学习。

阿姨做了虾，小树吮着虾壳，将汁液吮干净，又让我帮她剥壳。这两天吃饭都挺不错，一小碗米饭配着一小碗汤，很快就吃得干干净净。

小麦跟我复盘了刚刚结束的期中考试，我们又聊了聊信奥竞赛的一些话题。吃了饭，他就回书房继续学习去了。

小树嚷嚷着还要去呦呦妹妹家玩，我上楼跟小麦商量：小麦，妹妹很想进城，等一下妈妈带你与妹妹进城去吃点东西好吗？

小麦头抬起来：什么时候去？

那时七点还不到，我对他说：我们八点出发！

小麦点点头，说：好的。

他又埋头学习了，我下楼对小树讲：妈妈跟哥哥讲好了，我们八点出发进城去吃好吃的，现在哥哥学习，妈妈工作，你也自己安排学习。

小树很开心地去玩她的恐龙了，我也回到书桌前工作，过一会儿接到了小韩的电话，他有意向来买我的大福，想来试驾。

于是临时带小树出门，试驾去了仁宫。

回到家已过了八点，小麦起身，抱起妹妹，我们娘儿仨开车进城，小树要吃牛排，我将车停在会展中心，穿过东门小区，拐到临江路上的捷捷蓝调，点了一份牛小排、三份水果汁，小树爱吃的薯条，还有炸花菜与烤鸡翅。

蓝调有驻唱歌手，今晚是一个女歌手，唱了几个很深情的曲子，音乐响起的时候，树姑娘情不自禁跟着旋律舞动，我跟着她一起摇摆身体，娘儿俩坐在椅子上像水草一样飘荡，对面的小麦默默帮我们切好牛排，一小块一小块夹到我们的盘子里。

拍了照片发给红猪，告诉他我带着孩子在吃消夜。

吃完消夜，已经十点多了，小麦抱起妹妹，我推开捷捷的门，走到已有些清冷的街上，小树像一只温柔的小兽，趴在哥哥的肩膀上，我们慢悠悠顺着原路返回，一路上有一搭没一搭说话，等开车回到家，小树已经睡着了。

我接过小麦的外套，小麦将妹妹抱上楼放在床上，他又回书房学习了。

我搬了笔记本到客厅的茶桌，正准备工作，小树惊醒了，要妈妈。

我合上电脑，将她抱到主卧，和衣陪她躺下，自己竟也睡了过去。一觉醒来，到外面一看时间，已经后半夜 1 点多了。

小麦还在楼上学习。

坐在茶桌前，将今天的流水账记下来，或许现在我要烤两片吐司送上去给小麦当第二场消夜，这个世界上，真的有一些孩子沉迷学习无法自拔。

而我要给自己沏一壶茶，不妨安享这个深夜。

一个人带娃，却仿佛带着一万雄兵。担负起一个母亲的责任，纯粹于当下。

2021 年 5 月 10 日

第四天

早上八点醒来，起床发现小麦已经在写作业了！

接到了葱珠大姐的电话，问我是不是在家，我在家她就炒粉干，让我中午一起去吃大锅饭。我爽快答应了，告诉她带着孩子一共三个人。

九点，阿姨过来上班了，我跟她讲中午在楼下吃大锅饭，她做完卫生可以回家或者跟我们一起去楼下吃，阿姨摆摆手，说她不去，做完卫生就回去。

我去房间里包了一个两百元的红包，写上祝福她母亲节快乐的话。这个阿姨，是小树一岁半的时候，我用手推车推着小树，在附近村子里找来的，一用就用到第三个年头了，是我自己找来的后天亲人，逢年过节我都会表达对她的感恩。

有一句话我不记得是听谁说的，或是哪本书上写的，但对我触动很深，那就是"做好眼前事，珍惜眼前人"，有时候我会把这一句作为我书上的寄语，写给远方的朋友，它深深地刻在我的心里，提醒着我要活出来。触动灵魂的句子，要尽情活出来，成立事实，灵魂才能真的被触动。

临近中午，带小树下楼，楼下阳光甚好，女人们在做炒粉干的各种准备，大锅已经支起来了，孩子们在小院里嬉戏，发出银铃般的响声。

粉干一炒好，葱珠大姐就招呼我先盛，我去取了大碗，盛了满满一碗回家给小麦吃，然后又下楼与小树一起在楼下慢慢吃。

十来个邻居坐在葱珠大姐家的车库门口，男人喝着啤酒，女人与孩子

46

喝椰子汁，配着香喷喷的炒粉干。葱珠大姐的厨艺很好，为人又豪爽热情，她就像一块磁铁，将邻居们凝聚在一起。

吃完粉干，我去小区门口的超市买了两箱啤酒，让老板送进来。

大姐觉得很奇怪，问我买啤酒干吗？

我说今天是母亲节，大家都在给妈妈买礼物，这是不对的，应该给爸爸买礼物，让爸爸好好宠妈妈才是对的，所以我给老大哥们买两箱啤酒，让老大哥好好宠老大姐，我就经常有饭吃了！

这一番话，把邻居几个老大姐逗得哈哈笑！

下午的天气越来越热，我带小树回楼上，发现小麦在沙发上睡着了，遂不打扰他，带着小树去午睡，小姑娘不肯睡觉，我哄她，并承诺她乖乖睡觉，傍晚还可以出去玩，孩子像烙煎饼一样在身旁翻来覆去，慢慢地也就睡着了。

一觉醒来，快四点了，到楼上一看，书房没人了，小麦的行李箱不见了，门口他的四十三码的大鞋子也不见了，他已经提前返校了。

接到美美的电话，约我五点去石溪玫瑰园，并告诉我带了冷餐，可以在玫瑰园里吃晚饭。

阿姨过来上班，我告诉她有几件衣服要洗，洗完了可以回家，我与小树在外面吃晚饭。

五点开车去石溪，我带了一只水桶，是准备买一些玫瑰花回来，用于盛放，又带了一身小树的衣服，万一她玩脏了、玩湿了，可以换上。小树带上了滑板车与一箱子恐龙。

到了玫瑰园，美美与刘霞各自带着孩子比我们先到，三个孩子年龄相仿，很快就聚在沙堆里，玩得不亦乐乎。

美美她们带着丰盛的食物：比萨、酱鸭、凤爪、豆腐干、炒面、西瓜、苹果。

玫瑰园里的桑葚与蓝莓成熟了，我去买了一些，又剪了一些玫瑰花与绣球花摆在餐台上，我们吃食物、闲聊，孩子们在旁边叽叽喳喳，我还信步走去附近的村子。

玫瑰园这个地方很特别，前面几百米还是很喧闹的村庄，但拐个弯，过一座石桥，突然就进入了一块宁静之地，两边都是绿色的山峰，中间是公路，公路两旁是狭长的田野，玫瑰园就在田野之间，再往前走是一个叫"林村"的村子，这个村子却不似外面那个村子般杂乱与吵闹，它淡淡的，像一抹平躺在山谷里的炊烟。

我慢慢地走在公路上，没有遇到车辆，在村口遇到一个老妇人，她弓着腰斜斜地向我走过来，直接撞开我童年的一些记忆，她的形象，是属于土地的。

七点多，天已经全黑了，水桶里装满了鲜花，买了点蓝莓与桑葚，美美母子搭刘霞的车，我们分头上车，约定下次再一起玩。

回到小区，将车子停好，抱着小树去邻居家水槽洗脚，穿上凉鞋，她一骨碌下地，踩着滑板车去找她的小伙伴了，我在小花园里散步，给老爸老妈打了半个小时的电话，絮絮叨叨地说了很多话。

八点多，带小树回家。处理了一些紧急的工作，再带她洗头洗澡，十点多，先安顿她睡下，再起身处理工作。

今天母亲节，与芊蓁商量，临时做了一个活动，见缝插针要写推文，发圈发公告。两个中年女子，一手养育年幼的孩子，另一手创业，点点滴滴是不断发现自己喜欢什么，做自己喜欢的事的过程，也使得自己可以尽情地、自由地追求自己想要的。

今天我还在几个群里与朋友圈里为大家的妈妈做奖状，做了一百多张，一个一个陌生的名字，在做奖状时逐一默念，心生喜悦，顺带祝福，虽然手指头做到麻木，但这样的事情我是很愿意去做的，它像是夏日黄昏时的圆月，去真心诚意帮助别人，会收获无与伦比的温柔。

一直坚守到零点，汝芝颜的后台也交出了漂亮的业绩。

水桶里的花都分插到各个瓶子里了，我开了香氛仪，选了"芳樟＋甜橙"，开始写今天的流水账。

独自带娃写到第四天，我突然觉得，要养育好孩子，你必须让你自己被创造，否则你是出于自己的孤独，或是虚荣，或是修补自己的缺陷而去谋求孩子。作为母亲，生养一个孩子，不是为了自己生命的延续，而是某种更高层次的东西，你的孩子，她是一个造物主。

2021 年 5 月 10 日

第五天

早上醒来，我对小树说：小树，妈妈今天要去提新车啦！

小树叫起来：妈妈，我也要去，我也要去！

我说：今天妈妈用旧的车送你去幼儿园，用新的车来接你回家。如果你也去，那就实现不了啦，用旧的车送你，用新的车接你，是唯一在今天会发生的，如果错过了，就再也没有这样的机会了。你难道不想体验吗？上学的时候坐旧的车，放学的时候坐新的车。

小树的眼睛发亮，她改变了主意，很乐意抓住这唯一的机会。

我去烤了吐司，热了牛奶，冲了水果麦片。陪孩子吃早餐。看了下时间，已经过了八点，我订的是 9∶36 的高铁，去温州提新车。娟娟熊陪我一起去，她的电话打来了，问我是否已送小树去幼儿园，我们约好了在油竹接头，一起去高铁站。

时间已过了八点半，我带小树出门。我找出前年在奥地利奢侈品商店买的 BURBERRY 手袋，挑了一条深蓝色有红色花纹的长裙，配了一双深红色的软羊皮平底鞋，涂了口红，描了眉，像是在逆流中走了整整一夜，走到灿烂的阳光下，我的体重比生小树之前重了十斤，腰部不再纤细，脊骨也更加弯曲了。很多看着我出发的人都说我是渡不过的，他们笑着、担心着，嘲弄着，而我自顾自地走着，已经走得那么远，再也听不见留在岸上的人的叫喊。

在激流澎湃中，我只听见小树稚嫩且平静的声音：妈妈，走吧！

我便走着，就这样走到了五月的阳光下。

我将小树送到幼儿园，对她挥挥手：咱们到了，宝贝，妈妈晚上开着新车来接你。

已经九点多了，我去接上娟娟熊，一路飞驰到高铁站，在附近将我的大福停好，再一路狂奔进了车站，一切都刚刚好，一进站就排队检票了。

娟娟熊笑我怎么这么淡定，去提车一点都不激动。

我也笑，是平等心的当下吧！

下了高铁，研究了一下去提车点的路线，我们选择坐轻轨，再叫网约车。两个人一路轻轻交谈，我们已经共享过很多岁月，而现在共享蔚来，或许是我能够和她共享的永恒。

提车点在路虎展厅，我的那台车摆在最显眼的位置，娟娟熊给我与新车拍了几张照片。工作人员很贴心，帮我解锁很多功能。新能源车与传统车子差别太大，各种智能化让我惊叹不已。我将车载机器人改了名字，叫"小花"。儿子是小麦，女儿是小树，爱车叫小花，顿觉生命繁茂。

"嗨，小花！"一上车，就给小花下各种指令，很快就掌握了很多功能。加上有娟娟熊在旁边的协助，恍惚间，像是坐上一艘光年飞船，我驰离过去的生活很远了。

吃午饭的时候，小花去加电了。待吃好饭，拿到临时牌照，电也加满了，工作人员说我们可以开车回家了。

哦，这就可以回去了？我跳进驾驶室，座椅与方向盘自动调整。一按钮，车子缓缓滑出车间，前风挡玻璃上能看到当前时速，非常具有科技感。

上了高架，开了自动驾驶与座椅按摩，娟娟熊开着女王座驾，两个人聊着天，开车变成一种享受，所有的美好都藏在时间的缝隙里，那缝隙也是光照进来的地方。

到青田，时间还早，娟娟熊请我去乔叶里喝下午茶算是庆祝，这台车从动念到买下，花了一周。从买下到提车，花了十天。我们经历着生活中突然降临的一切，毫无防备，就像演员进入初排，如果生活中的第一次彩排就是生活本身，那生活有什么价值呢？

小花认了娟娟熊做干妈，结亲也可以这样嘛！我们是不是开创了蔚来车主结亲的先河？

快五点了，突然下了一场很大的太阳雨。雨停了，我们离开乔叶里，我送娟娟熊回家，再去接小树。小树见到新车很欣喜，她要坐在最后排，她说那是她的小房子。

回到家，阿姨在准备晚餐，我将孩子交给她照看，自己去火车站取车回来，又研究了一下怎么将安全座椅安装在蔚来车上。

我装不起来，这必须是男人干的事。一个女人不能什么都能做，也不能什么都学，红猪不在家，我打电话给小朱，让他抽空过来帮我安装，再顺便教我怎么充电。

到目前为止，作为一名女司机，我希望有一个墨镜盒，也希望有一个固定的放纸巾与放车载垃圾桶的地方。作为一名国际芳香治疗师，我自己配了一台车载香氛仪，用天然的精油给车内空间加香，桧木、佛手柑、桉油醇迷迭香、芳樟、欧洲赤松、红橘、蓝胶尤加利……这些精油都很适合在车上用。天然的香气不仅抗菌净化，还可以平衡情绪，让人一秒拥有山林负离子植物空间。

2021 年 12 月 25 日

小树住院

上周四，小树突然发高烧、腹泻，周五住进了医院。今天周二，病情趋向稳定。这一段经历，对小树来讲很宝贵，对我又何尝不是呢！写几个小片段，与大家分享我的心路历程。

一

小树发烧时，我与红猪都很重视，他主张立即送医院，我主张在家物理降温，用自然疗法。

两个人的治疗方案非常不一致。我选择了听从他的建议，事实证明这是一个很棒的决定，没有耽误治疗。

如果是以前，我会坚持我的主张，两口子免不了会起争执，然后一边赌着气，一边给孩子看病，大人孩子都很累。

现在的我认识到：生病已经让孩子的身体很不舒服了，不能再给孩子的心灵增加负担。

二

住院第一个夜晚，半夜里小树呕吐，吐得很厉害。我马上打电话给红猪，希望他来医院，他却回复说：我明天早上再来。

如果是以前，我会火冒三丈，马上发飙。他会被我逼到医院。然后两口子可以冷战好几天。而这次，我在放下电话的时候就觉察到并不是小树需要爸爸，而是我需要他，需要有一个可以依靠的人。当我觉察到这个部分，立即就有了勇气，全力承担起当下的责任。

三

刚住院时安排吃饭，红猪与小麦先去吃，吃好了给我带点快餐到病房。我想吃得好一点，保证小树有充足的奶水，就说我通过美团订。红猪就发飙，说我嫌弃他买的快餐不好吃。然后他大声对小麦说：小麦，走，我们去吃垃圾食品，不用管你妈，你妈有钱，自己买大餐！

如果是以前，我会很委屈，我花自己的钱订饭吃，还要当着孩子的面被你骂！而现在，他骂他的，我吃我的。到了第二天，我订来大餐，发信息给他："你什么时候过来？我饿了，小树抱在怀里，一个人没法弄饭吃。"这条信息写好了没发出去，删掉重新写了一条："你什么时候过来？饭我买到病房了，你快趁热来吃！"

第一条信息的出发点是满足自己的需要，他会有压力。第二条信息的出发点是去表达对他的关心，他会觉得温暖。同样叫他早点来病房，不同的文字透露出不同的情感，给人的感受是截然不同的。

从那次起，他就默默与我一起在病房吃大餐。还把他的菜夹到我碗里。

四

昨天小树睡了一下午，到了晚上，红猪离开病房后，小树一直不肯睡觉，喂她吃奶不肯睡，在走廊上走来走去不肯睡，抱到床上不肯睡，直到我拿出"撒手锏"，抱着她走楼梯，从七楼走到二楼，再坐电梯上来，她才昏昏欲睡。又抱着她坐在椅子上，等她睡沉了，再轻轻放到床上。就这么两个小时，独自抱着她，无条件满足她。

如果没有受过身心灵的训练，当自己的耐性被消磨之后，一定会不耐烦，迁怒于孩子或者去责怪丈夫的不作为。但现在，已没有养育孩子需要耐性这回事了，基于当下的养育，根本不需要储备什么耐心。不管发生什么，都是它们的本色，没有好坏之分，只是我们生活周遭的一部分而已。

深夜的医院，娘儿俩在各处走来走去，一个温软的小身体紧贴着你，你与她轻轻说话，我们步伐敞开，心灵开放。

五

上述改变不是用了什么方法，而是对当下产生了更多的觉知。

给你的牛或羊一片广袤的牧草地，这才是管制牛羊的办法。

给自己的思想拆除限制，才会拥有更宽广的觉知。

2017 年 12 月 14 日

暴烈树

小树长牙了！

树妈妈用番薯条当磨牙棒给小树咬。

小树左手拿一条，右手拿一条。

看到妈妈手里还有一条，立即放下手中的，去拿妈妈那条。

树妈妈捡起小树丢下的那条。

小树震惊了！

妈妈那条明明归我了，怎么手上又有了！

于是重复前面的动作，把妈妈手上那条抢了过来！

树妈妈也重复捡起小树放下的那条，手上立即又有了番薯条。

小树一直拿走，妈妈一直拥有！

小树震惊到无法相信自己的眼睛！

为什么？

我拿走了怎么还会有？

这个星球怎么是这样的！

这是什么法则？

小树的小脑袋无法理解这个事实。

她的神经回路还是非常线性的。

她哇哇哇大叫起来，

温柔树秒变暴烈女。

直到钻到妈妈怀里吃奶，

才彻底疗愈。

2018 年 1 月 29 日

一天

这几天气温很低。

一般小树七点多就醒了。现在她醒来会叫妈妈，如果饿了就会说：麻蒙麻蒙。

醒来的时候，她会说很多话，有时候音调拖得又长又高，如果有形状，那就像是一缕粉红的轻烟，还是打着卷的。

醒来第一件事情是先陪她说说话，问候她昨晚睡得好吗？梦里有没有小仙女？然后逗逗她的身体，一般我会去摇动她的小脚，用小麦的话说，那不是脚，是小树的鱼尾巴。小树也喜欢摇动她的尾巴，然后就很顺从地让我给她换上干爽的尿包。

一夜下来，换下来的尿包沉甸甸的。

我把尿包先丢到地板上，再找小树的衣服一件件帮她穿起来。穿衣服的时候，她就变得活泼了，眼睛东瞅西瞅，如果看到我的手机，就非常敏捷地抓来塞到嘴巴里。实在没东西抓，就翻个身找到自己的袜子也啃一啃。

周末小麦不上学，妹妹起床的时候就叫着要把小树种到花盆里，用粉红色的小被子给小树围一圈，只露出一个圆圆的脑袋，这就是小树种在花盆里。兄妹俩在床上玩耍，我就慢慢地穿自己的衣服与袜子。

如果是工作日，八点半左右家里就剩我们母女二人了。天冷，我们常常留在阳光房里，这个房间24小时都开着空调，我们坐在大床上玩，坐在榻榻米上玩，我抱着她站在窗口看火车与汽车。小树有时候会大声唱起歌来，我就模仿她的音调也唱起来，她就会眯着眼睛对着我笑。

晴天的时候，我会抱着小树上楼，去阳台上看蜡梅花、角堇、酢浆草，它们此时都在开放。阳台上放着一张户外椅，我们并排坐着看风景，小树会伸手去揪一盆悬挂在旁边的铜钱草，揪下来尝尝叶子的味道，再皱着眉头吐出来。

有时候把她放在移动摇篮里，推着她到洗衣房门口，我一边洗衣服一边唱歌给她听，还时不时转身冲她扮鬼脸。她低头抓起小玩具，抬头与我目光相接时就粲然一笑。

小树笑起来的时候眉目弯弯，这种笑带着强烈的美感，有重量，像一块大石头，不管我在做什么，注视到这样的笑容，心神都忍不住荡漾起来。

一般晚上九点多抱着她入睡。早晨穿戴好的衣服一件件脱去，只剩下薄的连体衣衫，把她搂在胸前，她已埋头开始吸吮起乳汁来，我摩挲她毛茸茸的脑袋，灯熄了，听窗外汽车驰过，听火车进站时鸣笛，听她喉咙里发出吞咽的声音，她微微的气流呼在我的身上，有时候她在被窝里蹬腿，我就将她的双腿轻轻地夹在我的腿中间，她鼻孔里哼哼，也不会大力反抗，小小的身体柔软地与我相融，不知何时，我也睡着了……

2018 年 2 月 5 日

值得

早上，天蒙蒙亮，小树就嗒嗒嗒走进房间里来了。

她很麻利地爬上床，双手掀我的衣服。

小树现在吃奶越来越利索，还是个公平主义者，左右两边吃得很均匀。

娘儿俩的一天就从这般的亲密开始。

等一起下床，去客厅，小树就开始要各种吃的喝的。水杯现在自己会开与关了，葡萄干藏在哪里也记住了，吃早餐有时候一大口一大口吃得又快又好，有时候摇头头，好不容易喂一口又吐一地。今天喝白粥，配着肉松，吃得还不错！

她的小汽车、木马、助步车、足球、小熊、大熊、小兔子也要全部宠幸一遍。然后小爱音箱开始唱歌，小树开始扭屁股。

就这样，天光大亮。睡完回笼觉的老公推开卧室门出来了，我快速去洗漱与吃早餐。

八点半左右，一前一后出门。老公去上班，我用小推车推着小树慢慢走到石雕博物馆。

在那里会偶遇一些小朋友，小树可以发展友谊，这个阶段，孩子越来越喜欢与人连接。

玩上半个小时，坐着小公交，一直坐到终点站。小树已经在怀里睡着了，我下车后抱着她进了旁边的咖啡馆，小树睡在沙发上，我一边喝卡布，一边通过手机处理工作。

就这么到了中午，带小树走过半个城，孩子看到街边的物什就兴奋地"哦哦哦"，我就一样一样告诉她：小树，这是汽车；小树，这是垃圾桶；小树，这是玉兰树；小树，这是三角梅……

去水果店买一个椰子，又买了两个莲雾。再带小树去吃鱼丸汤。

把她喂饱时已经一点多了。我接到了老公的电话，一起回家。

回家后将孩子交给他，我飞快地打包寄书，今天寄了三十多个包裹。三点多，老公重新去上班，我接管孩子。小树汗涔涔的，抱去洗澡，陪她玩，顺手要料理家务。

五点多，去锅里煮了米饭，蒸上扣肉。小树捡起她的小皮鞋，拍着大门要出去玩。

一边接着工作电话，一边抱着孩子下楼，没过几分钟，看到老公提着一捆青菜回来了。两口子分工，他在楼下带孩子，我上楼做饭。

晚饭后我洗衣服、打理微信群、给书签名打包。老公洗碗、拖地、带孩子出门去广场。孩子回来后，洗澡换尿包，哄睡。

等孩子睡下了，我在书房写作，老公在沙发上看书。

无数日子中寻常的一天，就这么度过。

今天小树十七个月了。

零至三岁是构建安全感的阶段，妈妈对孩子的陪伴最重要。十七个月了，这个重要的三年里也已经经历了将近一半了，要问独自养育这个孩子辛不辛苦，如果说不辛苦，那是骗人的。不管是身体还是心理，都有着极大的挑战。但也正是因为接住了这份挑战，各方面的能力与勇气都被激发出来，也自然养育出一个喜悦自在的孩子。

一个女性，当成为母亲之后，用生命里的三年时间全身心地爱着这个孩子，用三年换孩子一生满满的安全感，无论如何都是值得的。

2018 年 9 月 30 日

小树哭了

小树摔了一跤，摔得还很重，她哇哇大哭起来。

保姆马上抱起来哄她：小树不哭哦，小树乖，不哭不哭。

小树还是大哭不止。

我将小树抱过来，对小树说：小树摔痛了，小树可以哭，来，睁开眼睛哭。

闭着眼睛流泪的孩子睁开了眼睛。

我继续说：来，小树看看天花板，一边看一边哭。小树还可以看看地面哭，看看椅子哭，小树还可以听听公路上汽车开过的声音，一边听一边哭。

我这么说着，孩子已经不哭了。很快她就挣脱我的怀抱，去玩她的玩具了。

为什么这样哄孩子会很有效呢？

因为当孩子摔了一跤，身体会感受到疼痛，孩子被这份疼痛包围了，所以她就大哭不止。孩子是在疼痛里面的。

当我让孩子睁开眼睛，允许她哭的同时让她看看这个听听那个，孩子就与当下的画面产生了连接，孩子就有机会从那份痛苦里面出来。

当孩子连接当下的时候，疼痛就消失了。

孩子自然活进了当下的画面。

要问我这是什么养育法？这是完形养育法，因为我受过完形治疗的训练。

2018 年 12 月 28 日

滑滑梯的小树

带孩子去喝早茶，店里有一个儿童游乐区，有两架滑梯。

小树一开始不敢滑滑梯，我有留意到，她先是把小凳子搬到滑梯上，然后让凳子滑下来；接着她又拿着瑜伽球，让瑜伽球从滑梯上滑下来；她尝试着自己坐在滑梯的顶端。坐在那里，双手抓着边上的扶手，静静地在那里感受，但还是不敢滑。

我一直在边上鼓励她，给她很多正面的反馈。后来带她吃了丰盛的茶点，吃饱了又把她放回游乐场。等我一扭头突然就发现这个孩子已经从滑梯的顶端滑了下来，在我的视野内划出一道漂亮的弧线，我看到这个小孩滑下来，又重新站到滑梯的顶端，就这样一遍一遍地在那里滑滑梯，一开始是顺着滑，不一会儿变换姿势，趴着也能滑。

这个小小的孩子，一遍又一遍训练自己，就这样变成一个滑滑梯高手，她的生命能量又到达一个高峰！

2019 年 1 月 12 日

顺势而为的教养

家长的主要任务是关注孩子，然后做出正常的回应，教养是可以天衣无缝地融入孩子的日常照料之中，吃东西、换尿布、就寝、玩耍以及与孩子静静相处的时候，都是孩子处于发育与可塑状态下的大脑极为强大的学习机会，当你进行以上任何一项日常事务，并跟随孩子的发展需要顺势而为的时候，就是在做有益她大脑发育的事情。

——题记

（一）

带小树下乡，车上有一袋橘子。

小树连着吃了两个还想吃，我对小树说：

小树想拥有橘子是吧？小树可以拥有橘子，小树可以看一看这个橘子它是什么颜色的？小树可以摸一摸这个橘子是不是很光滑呢？小树还可以感受一下这个橘子有多重呢？小树还可以闻橘子的香气……小树有很多种方式来拥有这个橘子，小树也可以品尝这个橘子，下午的时候小树就可以品尝橘子了。

小树的需求就这样被拓展了，她手里举着一个橘子，在那里拿着、看着、闻着，路途颠簸，孩子在橘子的香气中不知不觉地睡着了。

（二）

小树拿了一颗单独包装的红枣，让我帮她剥开。我看看红枣又看看小树，对小树说：这是一个小小的红枣，和你一样小小的；这是一颗红红的枣，和你的脸蛋那样红扑扑的；这是一颗甜丝丝的红枣，和你一样是甜美的。小树爱吃红枣，红枣也爱被小树吃。

（三）

小树拿着她的一件羽绒马甲奔跑，狠狠摔了一跤，小树哇哇大哭起来！

我跑过去，坐在她旁边，指指马甲上的图案，对她说：快看，这是什么？这是星星，这是彩旗，这是棒棒糖，呀，这里还有一只猫咪！

小树早已不哭了，她用小小的手指在马甲上指来指去，娘儿俩一起趴在地板上津津有味开启了一段学习。

（四）

快要下车的时候，我对小树说：树，一会儿下车，小树就要挂在妈妈的身上当小袋鼠，你是选择你的脸朝向妈妈还是朝向这个世界呢？你可以有选择，朝向妈妈你就可以看到妈妈，朝向世界你就可以看到风景。不管做出什么选择，小树都可以坐着大飞机回家！

2019 年 3 月 1 日

在家断奶

（一）

昨天第一天，下午还是抱着她奶睡的，晚上老公将她抱走了，她晚上也没有哭闹，一觉睡到八点多，见到我也是很淡定的样子。

中午想吃奶，爬到我身上来扯衣服。我特意穿了棉袍，反正扯不开。她嘤嘤叫着，我很温柔地对她说：小树长大啦，要和 neinei 说再见啦！小树会吃饭、吃水果、吃糖，还会吃瓜子，已经不需要 neinei 啦！

这样说着，小树还是有情绪，啊啊叫着，小脸皱成一团。我继续说：嗯，小树有点儿舍不得，所以小树带着舍不得的心情与 neinei 告别，谢谢 neinei 把小树养大啦，小树独立了，虽然有点儿难过，但还是有勇气跟 neinei 说再见，

neinei 的任务已经圆满完成啦，neinei 说小树可以看看她，闻闻她，只是不可以再吃她啦！

小树在我身上蹭了一会儿，发现无论怎样闹腾，也都达不到目的，她被沙发上的玩具吸引，又自顾自地下地去玩玩具了。

下午也闹了一阵，我用同样的话语回应她。

晚上我在书桌前办公，她又进来了，扑在我怀里撒娇。小麦拿着皮球来，又将她吸引走了。

现在，外面静悄悄的，不知道她是跟着爸爸已经睡下了还是在楼上玩。反正今晚我独自入睡。

断奶进行 24 个小时了，孩子有一点小情绪，我很稳定，孩子也就自主消化她的情绪。

（二）

昨天晚上，我推开主卧的门去洗漱，却发现父女俩还没睡，挨在一起看动画片。本来安静的小树，一见到我就炸了，哇哇大哭着往我怀里扑。

老公让我别管，回自己房间睡觉，我不忍心，将小树抱了起来。

抱到床上，孩子扑到身上扒我的衣服，我温柔地对她说：小树很想吃neinei，但 neinei 的任务已经完成啦！虽然很伤心，但也在提醒小树已经长大啦！小树越来越独立啦！

孩子狠狠哭着，我将她抱起来，裹上小被子。小树紧紧搂着我的脖子，号了两句，突然就不哭了，天地一片寂静，她呼呼睡着了！

我将她轻轻放到床上，她也没醒，一觉睡到早上五点钟。醒来也要吃奶，我同样温柔又坚定地拒绝了，这次她没哭，要起床去玩。我就帮她穿戴整齐，娘儿俩在客厅玩耍，她又自己吃了一碗粥。

白天没有再来找我要奶吃。晚上睡觉的时候，我把她抱着，我说我们去找小被子，把小树裹起来。当我给她披小被子的时候，我让她趴在我的肩膀上，我说：这样，妈妈才能把你包裹好哦！

小树乖乖趴在我的肩膀上，我抱着她在客厅里走了两圈。她很安静。我去找老公，轻声问他：你看一下，小树睡着没？

老公瞅了一眼对我说：没，眼睛睁得很大！

我抱着小树回到客厅，坐在沙发上。房间里的灯已经全部关了，娘儿俩一起静默在黑暗里。

过了一会儿，老公出来察看，说小树已经睡着了。

他把孩子抱走了。

断奶进行四十八小时了，看起来已经画上圆满句号了。

2019 年 3 月 12 日

应对叛逆幼童完美方案

我的女儿小树再过五天就二十三个月了，她学会的第一个人类词汇是"妈妈"，第二个词汇是"不要"……

我储备了十一年的心理学知识，终于可以派上用场了！亲子关系因此而熠熠生辉！

——题记

以下是孩子各种不要，不要穿鞋子、裤子、衣服，不要坐车、爬楼梯、回家，不要换尿包，不要不吃巧克力……哼哼，统统有完美的解决方案。

不穿鞋子

小树六点钟就醒了!

像只小袋鼠一样挂在我胸前。

我给她穿鞋子,她就嗷嗷叫起来不肯穿。

我对她说:小树,你不穿鞋子就只能挂在妈妈身上当一只袋鼠,如果你穿上鞋子,你就拥有很多自由,不仅可以当袋鼠,还可以想走就走,你要不要说走就走的人生?

小树不挣扎了,乖乖穿上鞋子。

不穿裤子

小树,穿裤子!

不要!

先穿左脚还是右脚?

不要!

咦,米尔顿语言模式也不灵光了!

小树手上拿着一根棒棒糖,她一心想吃棒棒糖!

棒棒糖妈妈打不开哦,要爸爸才能打开哦!你穿好裤子去找爸爸好不好?

好!

来,咱们把裤子穿好!穿好裤子是吃棒棒糖的第一步呢!

嗯!

穿好了裤子去找爸爸,发现爸爸还在睡觉。

我对小树说:这颗棒棒糖喜欢耐心等待呢!走,我们先去吃早餐,让棒棒糖看着小树吃早餐!小树吃早餐棒棒的呢!

不穿衣服

小树，穿衣服！

不要！

如果你不穿衣服，你就出不了门；如果你不出门，你就看不了风景；如果你不看风景，你就连接不了春天；如果你没有连接春天，你就不能感受美好。你不美好了，要不要？

不要！

好，那穿好衣服去感受美好！

孩子乖乖穿上了衣服。

不吃巧克力

楼上小客厅里有一台小冰箱，里面藏着很多外国巧克力。

小树拉着我的手，走到冰箱面前，拍拍冰箱门，示意我打开。

我打开冰箱门，这个小孩很熟练地拿出一盒巧克力，拍拍盒子，示意我打开。

我很和蔼回应小树说：树，巧克力是爸爸管理的，你要去找爸爸。

孩子转身就去找爸爸了。

爸爸坚定地拒绝了她：小树现在不能吃巧克力。

于是一个蔫巴巴的小树苗走过来了。

我打开冰箱门，对小树说：来，把巧克力放回去。

小树撇着嘴，摇摇头。

我说：哦，小树很想吃巧克力却不能吃，小树很难过的，这么难过了还要把巧克力放回去那就更难过了。这么难过的事情还是让妈妈来做好了，来，你把巧克力放下，你来扶门，扶门没有那么难过。

小树想了想，放下巧克力来扶住冰箱门。

我走到巧克力旁边，对小树说：哇，小树很勇敢呢，打开冰箱门是放回巧克力的第一步，小树已经做出了很棒的第一步，勇敢的小树一定可以做完下面的那一步，那就是把巧克力放回冰箱然后关上门！如果你做到了，妈妈会忍不住给你鼓掌呢！

小孩嗒嗒嗒跑过来，将巧克力捡起来放回了冰箱，然后重重地关上门。

我的掌声啪啪啪响了起来！

不肯睡觉

小树打瞌睡了，哭闹起来。

以前喂她吃奶，她很快就安静入睡了，现在断奶了，那就喂她吃个故事吧！

故事是这样子的：

吃了午饭，小树和爸爸在楼上玩，过了一会儿，小树下来了，哭着对妈妈说：妈妈，瞌睡虫来咬我！

妈妈问：瞌睡虫有几只呀？

小树说：三只！

妈妈说：让我看一看！

妈妈就把小树抱在怀里，哇，看到一只大瞌睡虫趴在小树的头顶上，小树的头皮越来越重，越来越重。哇，还有两只小瞌睡虫趴在小树的眼皮上，左边有一只，右边有一只，小树的眼皮越来越重，越来越重。

瞌睡虫已经不止三只了，最起码有八只，小树的肩膀上也有两只，小树的肩膀好沉重啊！小树的腿上也有瞌睡虫，小树的脚好沉重啊！

小树关闭了她的眼睛，小树关闭了她的耳朵，小树关闭了她的嘴巴，小树被瞌睡虫抱去梦里啦！最后，小树对妈妈说：妈妈，我投降，我打不过瞌睡虫，我就与瞌睡虫做好朋友，我们要一起去梦里玩啦！

妈妈对小树说：好的好的，记得玩两个小时就回来哦！

故事讲完了，小树已经闭着眼睛睡着了！

讲故事哄睡法，你学会了没有啊？

不肯坐车

菜市场买好菜，小树挣扎着要下车。

我对小树说：树啊，你想下来玩是不是？

小树：嗯。

我说：好啊，小树可以下来玩，妈妈先推你去安全的地方，你再下来玩。

孩子就很安静了！

我一边推着小树往回走，一边对她说：小树，我们看一看哪里是安全的地方。这里叔叔在做铝合金，很乱，不适合玩。这里有汽车开过来，危险，不适合玩。妈妈没有看到有适合小树玩的地方，但妈妈想到了小树可以玩的地方，那就是我们家楼下的花园。那里很空旷，没有汽车开来开去，很安全。现在妈妈快快推你去花园，妈妈支持小树玩耍。

就这样推着小树回到楼下，孩子全程都很安静，到了花园里，孩子奔跑着，开开心心地踩水花。

不肯回家

小树在楼下淋雨很开心，地面湿滑她一不小心摔了个四面朝天，我机智地将她抱起，就往楼上走！

小丫头的身体马上变成一张弓，嗷嗷大叫起来！

我一边快步往上走，一边说：小树是要看雨是吧，我们看看这里的雨是什么样子的。

我抱着她站到二楼的窗口。玻璃上有雨滴，小树已经不嗷了，身体也重新恢复柔软。娘儿俩轻轻说了会儿话。

我抱她到三楼，不仅看了雨又看了火车。火车开远了，小树对火车说Bye-bye。

我们又到了四楼，看了电线杆。

在五楼，我们看了一辆蓝色的厢式货车。

六楼了，我指指远山，对小树说映山红快开了！

我们进了家门，小树自己脱了球鞋，满心愉悦地向她的玩具奔去！

不肯爬楼梯

我要去阳台晾衣服，走到楼梯一半，小树大叫起来，她飞快地跑到楼梯口，趴在楼梯上哼哼唧唧叫我。

我停下来，很温柔地对小树说：树啊，你想跟妈妈去楼上是不是？好啊，妈妈站在这里等你，你爬上来，我在这里等着。

小树眼巴巴看着我，哼哼叫唤着，不动。

我说：哭不会到妈妈这里，闹也不会到妈妈这里，只有爬起来才会到妈妈这里哦！你快爬，妈妈在这里等你，我们一起去阳台！

孩子就开始爬了起来。才爬两个台阶，孩子就展开了笑颜。

我鼓励她说：嗯，现在离妈妈越来越近了哦！

三步两步，小树就爬到了我身边。我牵起她的手，她转身指指楼梯口。

我对小树说：刚才那个要哭鼻子的小树现在已经和妈妈在一起喽！走，我们去阳台吧！

小树迈着轻快的步子，拉着我往阳台走！

不肯擦屁股

小树屙了尼尼，我在卫生间里给她擦屁股。

我蹲下来，拍拍自己的左腿对她说：小树，来，趴在妈妈的腿上，妈妈给你擦屁股。

小姑娘看我一眼，站得直直的，一动也不动。

我再拍拍左腿，又拍拍右腿，一边拍一边对小树说：树，你可以趴在妈妈的左腿上，你也可以趴在妈妈的右腿上，瞧，你有选择的，你选择趴在哪条腿上呢？

小姑娘嘴角上扬，看看我的两条大腿，果断选择了其中一条，乖乖趴在左腿上让我擦屁股。

瞧，就算这么小的孩子也不喜欢被要求，也都喜欢有选择！

不肯穿毛衣

给小树换衣服，她穿上了棉毛衫就再也不肯穿外面的毛衣了，我对她说：小树穿衣服！

她就猛烈地摇头，然后飞快躲到卫生间里，我拿着毛衣追过去，我对她说：小树可以不穿衣服，小树在夏天的时候就不穿衣服，可以光着身子玩。小树现在穿好两件毛衣也就不用穿衣服了。

我一边说，一边捉住孩子的手，顺利地穿上了第一件毛衣。我继续说：小树可以不穿衣服，咱们洗澡的时候就不穿衣服，现在穿上这件有着小熊帽子的衣服，我们就不穿衣服了。

第二件毛衣也顺利穿好了，我抱起这个穿戴整齐的孩子走向客厅。

不肯换尿包

天气冷了，孩子就不太乐意换尿包。

刚刚我是这么跟孩子讲的：

小树，妈妈想邀请你做一件非常有意义的事情！

一边讲一边把她抱离餐桌，抱到沙发面前。我继续对孩子讲：这个有意义的事情就是，换——尿——包！

孩子有点不乐意，身子想往下倒。我继续对孩子说：你猜猜看这个尿包是三斤重还是五斤重呢？妈妈猜有三斤重，你是不是猜五斤重啊？

一边说一边麻利地脱下她的裤子，换下一个大尿包。我大声欢叫起来：哎呀，尿包有六斤重呢，妈妈和小树都没有猜到！这个六斤重的尿包现在由小树负责丢到垃圾桶里去好吗？

话说完尿包也干脆利落地换好了，孩子拎着那个沉重的尿包屁颠屁颠往卫生间走。

语言模式是不是很重要？语言是有魔力的,你怎么说决定了孩子的反应。

2019 年 3 月 20 日

小树拿手机

我与妹妹在真真的房间，俩姐妹一边聊天，一边用手机处理事务。小树凑上来拿我的手机。

我对小树说：树，这个手机是妈妈工作用的，你要玩手机，去妈妈睡觉的房间拿书包，里面有一个手机可以给你玩。

孩子听懂了，转身就跑出去了。

不一会儿，孩子拖着我的大书包出现在门口，小脸上洋溢着笑，我马上回应她：哇，小树好棒！想要手机就立即行动！

小树将书包费力地拖到床上，娘儿俩打开包找手机，包里却没有手机。我抬起头，很开心地对小树说：哇，小树，手机不在包里，现在又多了一个探索的机会，回房间去找找看手机在哪里呢？

小树的脸上也没有什么失落的神情，她转身又跑去找手机了。

如果我看到包里没手机，对孩子的回应是：对不起，妈妈记错了，手机没有在包里。

孩子就会有点失落，或许我也会觉得有点愧疚。

而发现手机不在时，同时也发现了一个新的探索机会，孩子依然是被内在的好奇心驱动着。

孩子就在兴奋的状态里，我也处在这样的状态。

因为我知道真相，孩子要的不是玩手机，而是各种探索。

2019 年 3 月 21 日

学习告别

带小树在商超买衣服，一个童装店里有积木，小树搭了一辆小汽车，临走时恋恋不舍，很想把小汽车带走。

我很温和地对小树说：树，小汽车属于这里，把小汽车放回桌子。

小树看我一眼，紧紧抱着小汽车。

此时，小树的心底一定有一首悠长哀伤的曲子，她要与小汽车告别，这辆她创造的小汽车里装满了她的情感，这一部分情感很快要去世间漂流。

我对小树说：树，妈妈知道你很喜欢这辆小汽车，你可以拥有它，妈妈给你和小汽车拍个照片，你不仅可以把小汽车保留在心里，不管在哪里，小汽车随时可以在你眼睛里。

我拍了一张照片，拍好了给小树看。

小树将小汽车放回桌子，她爬上了手推车。向店员说 Bye-bye，向小汽车说 Bye-bye。

她学会了与心爱之物告别。

2019 年 4 月 4 日

婴儿星球来的伏地魔

阿姨在拖地，小树也要拖，抢不过拖把就直接扑倒在地上了！

这几天小树学会了扑倒在地的技法，尝试来搞定她的养育者，只可惜效果不佳。

小麦看到了会说：咦，小树你怎么变成伏地魔了？

红猪看到了直接无视，淡定地从她身边走过。

我看到这个倒在地上满脸泪花的小丫头说：小树，阳台上还有一个拖把，如果你要拖地，你可以跑去拿，你倒在地上，拖把是不会来的，因为拖把没有脚。蟑螂有脚，蟑螂可能会爬你身上来。小树也有脚，小树可以爬起来去拿拖把。小树要不要起来去拿拖把呀？

小丫头一骨碌爬起来，跑去阳台拿拖把了！

哼！我代表地球母亲一招制胜，成功降伏婴儿星球来的伏地小魔女！

婴儿星球来的车间女工

小树爬上红猪的工作台，熟练地拿起一把起子，然后捡了个计算器，用起子像模像样地转计算器背面的四颗螺丝。

每颗都转了一遍，就把计算器丢下，要玩别的。

瞧，孩子都是一丁点热度，很快就没耐性了！

但是，小树妈可不是吃素的，也不是盖的！小树妈又要代表地球母亲行使人类智慧了！

我是这么对小树说的：小树，等一下，这个螺丝要拧八圈才能拧好，你才拧了一圈。请继续，妈妈帮你数数。

这个婴儿星球来的女王看了我一眼，乖乖拿起起子又拧了起来，我就气定神闲地在旁边数着：1，2，3，4……

哎呀，妈妈数忘记了，这下要重头再数了，1，2，3……

哎呀，妈妈刚才数到哪里了？小树你能告诉妈妈吗？

可怜的女王大人只会数 8 和 9，可她妈往往在 5 以下就已经失忆了。

所以她就一直举着螺丝起子，对着计算器上的四颗螺丝拧啊拧啊……

我看看时间，快要讲微课了，就举手向女王打报告申请：小树，妈妈想去尿尿了，我可以离开去尿尿吗？

得到恩准之后我就下楼了。后来我再也没有见到小树，也不知道她螺丝拧了多久……

2019 年 4 月 8 日

74

一对很讲道理的母女

（一）

早上用小推车推着小树去买菜，走到一个十字路口，那里在修地下管道，有一段路面被挖开了，马路上堆满了挖上来的泥土与石块。经过那里，小树突然嗷嗷大叫起来，身子在推车上扭动，想要爬下来的样子。我问小树：树，你是想回去看石头吗？

小树点点头。

我就掉转车头，重新回到那一堆泥土与石块旁。春天的太阳暖洋洋照在我们身上，小树安静地看工人施工，街道树的绿叶在头顶微微晃动。突然一阵鸟鸣声，我对小树说：树，现在我们可以回家了吗？

小树说：嗯。

我推动小车，小树朝那一个施工现场挥挥手，清晰而又响亮地说：Bye-Bye！

（二）

走到一个岔路口，我往右边转弯，小树叫了起来，用手指指左边。我问小树：树，你想往左边走吗？

小树点点头。

我说：好的，往左边走很阴凉，听小树的，走左边。

我就推着她高高兴兴地走左边的道路。

（三）

经过一家商店，门口有两台摇摇车，小树兴奋地叫起来，身子直往前扑。我对小树说：树，你想坐摇摇车吗？

小树说：嗯。

我说：小树可以坐摇摇车，只是今天我们没有坐摇摇车的计划。所以今天不坐摇摇车，下次专门计划坐一次摇摇车，小树再来坐好不好？

小树点点头。

（四）

在家里，小树看到了两颗糖，一个劲要吃糖，我剥了糖纸，她眼疾手快，一下子抓去塞进嘴巴里。我仔细察看另一颗糖，气温高了，糖有点融化，我皱着眉头叫起来：啊咦，小树，你快看，这个糖坏掉了，已经不能吃了！

小树凑过来看。

我对小树说：来，快张开嘴巴，把糖吐出来，这糖不能吃了，赶快丢掉！

小树顺从地张开嘴巴，吐出那颗糖。

我说：我们把糖丢到马桶里，把它冲走吧！

我丢了一颗，另一颗交给小树丢。两颗糖都丢进了马桶。小树去按冲水开关。

哗啦啦，两颗糖冲走了。

小树也似乎忘了吃糖这件事，转身跑到客厅玩了。

（五）

小树真的是一个很乖的小孩。当她有脾气的时候，你跟她去讲逻辑，她很快就会从情绪中抽离。比如（三）与（四）中的场景，生活中比比皆是，但她真的不会无理取闹，是个很讲道理的小孩。

因为她的妈妈，在发生类似（一）与（二）的场景时，会完全尊重孩子的意愿，不强求、不控制，只是温柔而有耐心地陪伴，因为在孩子的心目中，妈妈是个很讲道理的妈妈，所以她也自然愿意做一个讲道理的小孩呀！

2019 年 4 月 9 日

哼，降伏了一只小猴子

洗好澡，将小树抱到床上，光溜溜的她在床上跳来跳去，我让她穿衣服，她像泥鳅一样滑走了。

好不容易逮到她，给她穿了一半衣服，一只袖子穿好了，另一只还没穿，衣服就像是一件袈裟。

我对小树说：小树，穿衣服。

不要！

小树，衣服不穿要着凉的，快穿上！

不要！

小树，你看，这衣服上的花花很漂亮，快穿上！

不要！

小树，那把衣服脱了！

要！

小姑娘跳到我面前，我捉住她的手，飞快地将她的手塞进袖子。衣服穿好了！

我对小树说：小树，衣服先穿上才能脱，明天洗澡的时候咱们再脱衣服。

小树很开心地回答：好！

2019 年 5 月 13 日

理直气壮吃回榴梿操作大全

还有最后两块榴梿，小树拿了一块，我也拿了一块。我刚啃了两口，小树将我的那一块夺过去了。

我就走开了。刚走了两步，小树哇哇叫起来。我回头说：小树，你是不是想让妈妈陪你吃榴梿？

小树答：要要要！

我说：那妈妈都没有榴梿了，妈妈的那块榴梿也被你拿去吃了，我怎么陪你吃榴梿呢？除非你分一块榴梿给我！

小树盯着手上的两块榴梿，做了一番思想斗争后，递一块给我。

我拿过榴梿，很开心地对小树说：嗯，现在妈妈陪你吃榴梿，妈妈吃一块，小树吃一块。

很快地，我把榴梿吃完了，我又走了。小树又叫了起来！

我说：妈妈已经吃完榴梿了呀，所以妈妈没法陪你吃榴梿了，要不你的榴梿我们分着吃，你吃一口我吃一口。

小树盯着她手上的一块榴梿，经过一番思想斗争之后，我又吃到了榴梿。

2019 年 5 月 14 日

在哪里跌倒，就在哪里躺平

今天带着小树在楼下玩。在楼道大门前小树绊了一下，整个人翻倒在地，她索性张开四肢、四脚朝天地躺在地上，脸上还露出微笑的表情。我抬头看了看天空，夕阳的余晖将对面山峦涂得发亮，而头顶是一望无垠的蓝色。香樟树张开绿色的树冠，还不时有小鸟啾啾飞过。

我对小树说：树，天空是不是很好看？妈妈给你一个建议好吗？你现在躺的地方是楼道口，会有人从里面走出来，可能会踩到你身上哦。妈妈很关心你的安全，所以建议你换一个地方，你可以试试躺在这里。

我用脚点了点旁边的空地。

小树一骨碌爬起来，去到我指定的空地，蹲下去，屁股先落地，轻轻地翻转身子，再一次仰面朝天地躺到了地上，脸上露出满足神气的表情。

不一会儿，她自己爬起来了。像一只小鹿一样跑得飞快，跑到其他地方去玩了。

一个被充分满足过的小孩，只是充分运用了自己所拥有的基本智能，她就结结实实地快乐成长。体验一定比对错更有价值。只是很遗憾，绝大部分孩子的基础智力被陷在好坏对错里的父母教育得关机了。

你只要不破坏，你的孩子就很有机会变成人生赢家！

2019 年 5 月 24 日

79

说话树

小树还不会讲整句的话，她会说一些简单的词汇，更多的时候叽叽呱呱说婴语。我都会鼓励她多做表达。装作很听得懂的样子，我会看着她的眼睛，让她知道在谈话中我对她非常关注。

我会给予一些回应，比如点头、拊掌、欢呼，更多时候是安静聆听，保有耐心。小树就会发表长篇大论。

我常常创造一些谈话的控制权，那就是尽量少抢话，也少提问。因为一提问，就把谈话的控制权抢过来了，在幼儿快速发展语言阶段，并不妥当，会限制幼儿通过谈话来分享观点。

前几天，小树突然很清晰地对我说：谢谢妈妈！

心里一股暖流涌起。

2019 年 6 月 1 日

婴儿星球来的女王殖民了一位地球上的中年女性

昨夜十一点多，这个小孩睡得好好的，突然推开房门出来了！

我与谭笑一致认为她在梦游！

她娴熟地爬上椅子，给自己倒普洱茶。

喝完几杯后，又哧溜滑下椅子，拉着我的手要往门外走！

以下是我们娘儿俩的对话：

树，你是不是想去坐小火车？

是。

小火车睡觉了，所以不用去了！

树，你是不是想去游乐园？

是。

游乐园关门了，所以不用去了！

树，你是不是想去看太阳？

是。

太阳下班了，所以不用去了！

树，你是不是想看《小猪佩奇》？

是。

好，那你坐在妈妈腿上，我放给你看。

然后这个孩子专心致志看粉红猪小妹，

怎么把她搞回床上去，

真是一个技术活啊！

我要出招了，

我是这么出招的：

我知道小树很喜欢小汽车，于是找了一个开小汽车的小猪佩奇。然后我就对小树说：树，你想不想开小汽车？

想。

好，那妈妈带你去开小汽车，我们先把动画片停在这里。

我顺利抱她去了榻榻米房间，有一个文具盒是小汽车的形状，我把它找出来给小树，我说：树，我们在小汽车里放什么呢？我们让小汽车来运东西好不好？

不要!

小树在我怀里扭动起来,这样的小汽车她看不上!

我就抱着她在窗口看街道上开过的汽车:出租车、小轿车、越野车、厢式货车……看了半天,小树嗷嗷叫着要出门了!

唉,老娘我费尽心思就是不想让你半夜出门,搞半天又被你给掰回去了!

但面对一个倔强的婴儿星球来的女王,身为地球的臣民不得不臣服。

于是,我把女王大人放在小推车上,给她盖上我那价值五百大洋的真丝围巾,扛着小推车就下楼了!

住的地方在三楼,半夜三更我扛着小推车,推车里装着一个二十四斤重的娃,沿着消防楼梯下楼,我在心里冒出一个金句:没在深夜遛过娃的女士,不足以当母亲。

在马路上来回走了两圈,女王还坐得笔挺笔挺,在女王小手的指挥下,我乖乖推着她过了两个红绿灯。

夜空如洗,月隐星稀,路边楼房上 chuang 叫声阵阵,唉,一定是没生过娃的小年轻,到底是不知道这播下种生下娃的世道艰辛啊!

我一次次去瞅这个女王陛下,看起来有点目光呆滞的样子了,赶紧端着她上楼,呼哧呼哧爬上三楼,她已经昏昏欲睡。大喜!

推开门,不由得与谭笑唠叨两句,好了,女王苏醒了!眼珠子骨碌骨碌转,要去冰箱找吃的!

房子里其他两位居民撑不住,都睡下了,我完全被婴儿星球殖民了,接下来省略一万个字,反正最后的结果是到了凌晨三点,小树女王终于睡着了!

从十一点多醒到三点钟睡,我想出招搞定小树,结果啪啪打脸,啥招数都不管用。但我管住了自己的状态,不急不躁、不打不骂,管你如何作妖,我都拈花微笑。

一枚优秀的生了二宝的中年妇女，是具有药用价值的，能治病。治年轻时的矫情，成功时的傲气，也能融化所有熊孩子的毛病。

现在这样的中年妇女越来越多，无疑这一类族群是咱地球的希望之光啊！毕竟，终有一天，这颗蔚蓝色的星球是要交给这些熊孩子来打理的呀！

2019 年 6 月 20 日

踮着脚走路的小树

小树忽然学会了踮着脚走路。

她像一阵旋风一样朝我刮过来，大声喊着：妈妈，妈妈……

我立即也踮起脚，将双手举高，一阵风似的向她刮过去，大声喊着：小树，小树……

小旋风立即改变了方向，朝着她哥哥的房间刮过去，洒下银铃般的欢笑声！

我也跟着大风起兮神采飞扬，一口气刮进了小麦的房间。

小旋风已刮倒在床垫上，旁边倒着她的哥哥，我扑上去，娘儿仨并排倒在一起。

小树无意中做出一个动作，她很兴奋。

她影响了她的妈妈做出同样的动作。然后她的潜意识接收到一个重要的信号：我的表现是被接受的。

这让她兴奋，她感受到真实的扩张。

要认识孩子最好的方法就是你变成她，你就是她。只是全然感受你和她的一体——以全身、全心、全意。所以，我总是做与小树同样的动作，感受着她的情绪与感觉起起落落、来来去去，将意念放空，犯不着在任何一点上使力，就这么简单、轻易、从容，你就进入了孩子的内心，也进入了自己的内心。

孩子这一生的童年只有这一次，孩子可以错过一切，独独不能错过父母真实的爱。我很开心，今天晚上没有错过孩子的第一次踮脚！

2019 年 6 月 26 日

稳定于当下

（一）

早上开车带兄妹俩出门。

小麦与小树坐在后座。一上车，小树就哼哼唧唧地叫着"不要，不要"。

我问她：小树，不要什么呢？你是不要坐车吗？

小树答：是。

我说：那你要不要吃棒棒糖呢？

小树答：要。

我说：妈妈开车带着小树去买棒棒糖，你坐在车上，坐到终点就有棒棒糖吃了。你要不要坐车呢？

小树答：要。

（二）

开车回家的时候，小树又开始哼哼唧唧。

我就对小树说：小树，你想不想吃椰子呢？

小树答：要。

我说：那你要不要吃粽子？里面包着肉肉的粽子，很香的粽子你要不要吃呢？

小树答：要。

我说：那你还想不想吃玉米？甜甜的玉米，新鲜的玉米，一粒一粒像牙齿一样的玉米？

小树答：要。

我说：那妈妈开着车，带着小树去买椰子、买粽子、买玉米要不要呢？

小树答：要。

我说：那你想着这么多好吃的，再帮妈妈看着前面的路，如果妈妈开错路了，你就提醒妈妈，我们向菜场出发，要不要呢？

小树答：要。

（三）

年幼的孩子是尚未开展出物质存在的心魂，父母应该帮助他们积极进入尘世生命。让她与一根甜甜的棒棒糖去连接，与椰子、粽子、玉米、道路去连接。这让他们稳定于当下。

2019 年 7 月 14 日

想玩水的小树

晚上小树洗澡，洗完了用大浴巾裹着抱她出来，她不乐意，扭着身子还想玩水。

我说：妈妈知道你还想玩水，小树天天可以玩水，小树每天洗澡每天都可以玩水。

她哼哼唧唧叫着，挣扎着想下地。

我抱着她快步到了卧室床上，对她说：小树有停的能力哦，虽然很想玩，但还是可以停下来，可以停下来就可以有新的开始，现在这里有一盒彩色铅笔，你想不想玩一下呢？

小树从床上一站立，就挣脱我的手，钻到被子底下去了。

我找出一套衣服给她穿，她死活不肯，哧溜下床，逃到客厅沙发那里去了。

我拿着衣服跟过去，我到沙发这一头，她就咯咯咯跳到沙发那一头。两个回合下来，我把衣服放在沙发上，让她自己穿。我就走回书房工作了。

不一会儿，一个光溜溜的小人跟过来，指着卫生间的门叫我妈妈。

我说：小树，你不穿衣服是还想玩水是吗？

小树答：是。

我说：那妈妈要拦截一下了，你要玩水可以在明天玩，今天玩水时间已经用完了。来，妈妈帮你把衣服穿起来。

我再一次帮小树穿衣服，这一次她不再躲闪。

当她几次三番还想玩水，她的妈妈始终温柔平静给予规则。她接受了规则，也就接受了成长。

2019 年 9 月 4 日

内在地图

我坐在按摩椅上，小树拿着一个托马斯小火车，使劲敲着椅子扶手。

小麦跳出来，对着妹妹叫：小树，你不要敲，你这样会把椅子敲坏掉的！

我对小麦说：麦，我们先不着急说妹妹是错的，我们探索一下妹妹为什么这么做。

于是我对小树说：小树，这个火车是要跳舞吗？地上有一个圆形的舞台，我们让小火车在地面的舞台上跳舞好不好？

我一边说一边踩了踩圆形的地垫。

小树抓起我的手，把我从椅子上拉起来。

她放下小火车去开了衣柜的门，示意我把火车放到柜子里去。

哦，她用火车敲击椅背，只是希望我陪她玩罢了！

孩子每一个行为的背后都有一个隐藏的需要！

有一次，与朋友一起带孩子去幼儿园玩。

小树在院子里拿了个勺子玩沙子，临走的时候，我们要小树把勺子放回原地。小树看我们一眼，不搭理我们，自顾自地爬上木楼梯。

爬了两级，回头叫我：妈妈，来！

我对小树说：小树，把勺子拿回来，放回原位。

小树也不听我的话，只是叫着：妈妈，来！

我走到她身边，小树牵起我的手，带着我走。

走上木楼梯，经过索拉桥，走过平行道，小树沿着我们来时的路径，一直把我带到当初拿勺子的地方，她放下勺子，仰起脸笑眯眯地看我！

我恍然大悟，这孩子并不是不想把勺子放回原位，而是她自己内在有规则，她要按最初的路径把勺子放回去，虽然在我们成人的内在地图里，可以走几步就放回去的事，何必绕上一大圈！但孩子的心很简单，我怎么拿到的，我就怎么放回去！

孩子也有自己的内在地图啊！

每个人都有自己内在的地图，地图不等于疆域，菜单不等于食物。

当不合我意、出人意料的事情发生时，不要着急用自己的地图去看待，不妨对他人的地图怀着一份好奇心，当我们尊重他人的地图，我们就有机会看见完整的事实。

2019 年 9 月 17 日

及时止损与灵活推动

房间静悄悄，必定在作妖。

探头往房间里一看，果然！

一瓶玫瑰身体乳，快被她挤空了！

怎么办？

小宇宙爆发也挽回不来那瓶身体乳。

于是和颜悦色地进去，招呼小树给我做按摩。

她喜笑颜开，手上、脚上，将我涂得滑溜溜的。

娘儿俩还有一段芬芳的互动。

瞧，这才是最好的止损方式。

玩够了，她要洗手，拉着我要我陪她洗手。

我说：不，妈妈靠不住。你自己去洗。

她不肯，倒在床上嚷嚷。

我说：妈妈靠不住，你还可以靠哥哥，哥哥靠不住，你还可以靠爸爸，大家都靠不住，你还可以靠自己。

她不听，哇哇大叫。

我说：叫是没有用的，你好好跟妈妈沟通或许还有用。你告诉妈妈，要去哪个卫生间洗？

小树说：那间。

我问：哪间？你刷牙的那间还是洗澡的那间？

小树答：洗澡。

我说：好，你已经知道要去哪里洗了，那你去吧！

小树答：好，妈妈 Bye-Bye。

于是她爬下床，转身走了。

2019 年 10 月 4 日

水仙花与睡美人

中午小树洗手的时候把衣服弄湿了，她喜欢玩水，索性就让她洗个澡。小姑娘非常开心，泡在水桶里乐滋滋的。

我蹲下去对她说：小树，你现在是一朵水仙花，水仙花都是养在水里的。等下你洗好了澡就变成了睡美人，因为午睡时间到了，你要去床上睡觉。你现在当水仙花还是当睡美人？

小树眉开眼笑回答我：水仙花。

过一会儿，我过去看她，对她说：小树，我什么时候可以变成睡美人的妈妈？

小树笑眯眯地看着我，摇摇头。

又过一会儿，我再去看她，对她说：小树，大床在等一个睡美人！

小树笑得更欢了，又摇摇头。

又过一会儿，我进去对小树说：小树，你再当一会儿水仙花吧，你盛开的样子真好看！

小树笑得很灿烂，点点头。

很快地，一个光溜溜的小人从浴室里走出来了，叫着"妈妈"。

用大浴巾包起来，穿好衣服。

床上立即多了个睡美人，几乎是三秒入睡！

2019 年 10 月 15 日

童心

（一）

与小树一起坐在地板上玩，我打了一个喷嚏，小树就站起来说：我去拿纸巾。

很快地，她手上拿着一张纸巾，捂到我的鼻子上，对我说：来，妈妈擦鼻涕。

然后熟练地将纸巾揉成一团，丢到了垃圾桶里。

（二）

小树有一双夏天穿的凉鞋，上面有棒棒糖的图案。

早上我在卫生间里涂面油，听到门口父女俩的对话。

红猪：小树，穿鞋。

小树：我要穿糖糖鞋。

红猪：糖糖又不能吃。

小树：眼睛吃。

（三）

开车送小树去幼儿园。看到蓝天白云。

我对小树说：小树，快看白云多不多？

小树答：多。

我问：白云在干吗？

小树答：在动。

我问：白云是在走路吗？它们要去哪里？

小树答：去上幼儿园。

我问：哪个幼儿园？

小树答：天空幼儿园。

2019 年 10 月 22 日

顺势而为的养育

一早上起来，小树就说：妈妈，我要泡澡。

我说：好啊，那我们起来，先去看看浴盐，我们要先把精油滴到浴盐里，再加到水里，然后我们还要挑选一下玫瑰花，我们要把花瓣扯下来，水面上浮满了花瓣，就像一只只小船。

小树就很开心地起床。

一包喜马拉雅浴盐正好放在餐桌上。

我对小树说：瞧，这个浴盐是粉红色的。你可以尝尝浴盐的味道，它是咸的。

桌子上摆着花瓶，花瓶里插着桔梗、玫瑰、雏菊。

我对小树说：我们有两种玫瑰，红玫瑰与白玫瑰。你闻闻它们的香气是不是一样呢？

小树就专心致志地投入当下。

我去烧了水。

我兑好温开水，对小树说：小树，你喝水吗？

不要！

我说：那你要不要喝牛奶？

要！

我说：那我们现在开车出门，不仅买牛奶还买包子。然后我们去幼儿园，好不好？

好！

她去门口穿上她的小白鞋，背起她的小书包。

娘儿俩今天很早就出门了！

那个泡澡的心愿也融化在天边多彩的云霞之中。

而我，会帮她在晚上重新拾起这个心愿。

一起浸泡在芬芳的香氛中。

当孩子说：我要泡澡。

这个很清晰的需求背后是有很大能量的。

不要说：早上泡什么澡，早上要去幼儿园呀！

不要否定这股能量，如果习惯性地这样回应，孩子的生命力就被抑制了。

而要善用这股能量，顺势而为。

去激活更多神经细胞之间的连接。

在这个例子里，有视觉、味觉、嗅觉的开启。

孩子大脑的多个区域被激活，形成很多条神经回路，在这个互动的过程中，也加强了母女的情感联结。

泡澡这个需求背后的深层需求被满足了，孩子自然不再执着于泡澡这件事，而产生新的动能。

2019 年 11 月 3 日

尿床树

小树与一个小姐姐在小太阳幼儿园玩得很开心，玩着玩着叫起来：妈妈，我要尿尿！

赶紧抱起她去找厕所，因为第一次去小太阳幼儿园，不是很熟悉。等我找到厕所时，已经迟了一步，小树尿裤子了！

我对小树说：小树，我们回家换裤子！

小树摇摇头。

我说：你是不是还想跟姐姐玩。

小树点点头。

我说：如果你跟姐姐玩，那你的裤子就是湿的。这样可以吗？

小树点点头。

于是我又放她到了操场上，她很开心地与姐姐滑滑梯。

大约一小时后，我带她回了家。

回到家乖乖泡澡，自己一个人在浴室里一边泡澡一边唱歌。

泡了澡穿上干净的衣服，一起在客厅里看动画片。

九点多的时候，在我怀里睡着了。

于是放到床上。

到了十一点多，听到哇哇的哭声。

进卧室一看，小树坐在床上，一摸，裤子湿了，又尿了。

想必是因为晚上喝了两小杯雪梨甜橙汁的缘故。

于是抱她到另一个房间，换好衣服，把她放进被子里。

我对她说：小树，现在妈妈去洗被子，你睡觉好不好？

她点点头。

我说：妈妈去把小兔子抱来陪你睡觉好吗？

她又点点头。

我去卧室拿了小兔子与娃娃回到她身边，对她说：小兔子来陪小树，娃娃也要来陪小树，小兔子在你左边，娃娃在你右边，妈妈在你心里。好了，小树睡觉了，妈妈去洗被子。

我在她额头亲了一下，退出了房间。

等我收拾好床铺回来，小树已经很安稳地睡着了。

一个大小便被充分尊重的孩子，长大之后就会有很强的自尊。

走自己的路

厨房的窗外对着一条铁路。

小树对火车开过的声音很敏感。听到火车鸣笛的声音就叫起来：呜呜来啦！

我就抱着她站在窗口看火车。

昨天下午，娘儿俩站在窗口看火车开过。

小树说：妈妈，呜呜的路！她注意到了铁轨。

我说：是的，呜呜有专门的路，叫铁路。汽车也有专门的路，叫什么呢？

小树顺口而出：马路。

我很惊喜，赞叹道：是呢，小树平时很会观察呢！汽车在马路上开！每一种车都有自己的道路，人也一样，每一个人也有自己的人生之路。小树的道路谁来走啊？

小树回答说：我自己走！

我凝视着这个才两岁八个月的小孩，听到她坚定无畏地告诉我要走自己的路。她看着窗外，小小的脸庞上有一层柔和的光辉。有片刻的沉静，空气中飞舞着细小的尘埃，我抱紧她，与她一起看向外面的世界。

2019 年 12 月 20 日

隧道老奶奶、飞机、恐龙与阿姨再见

（一）

送小树去幼儿园，会经过一个隧道。

隧道口上有绿色的指示灯，绿色的箭头朝下，我跟小树说那是隧道的牙齿。

在隧道里面，过一段距离也会出现指示灯。

只是隧道里面的指示灯都没有亮起来。

小树留意到这个细节，对我说：

妈妈，隧道的牙齿掉了。隧道老了，这是一个隧道老奶奶。

（二）

早上给小树准备了面包。

她撕下一片。很惊喜地对我说：

妈妈，这是飞机。

我看了下，这片撕下的面包还真的像飞机的形状。

因为看起来不是那么匀称。小树说：

妈妈，飞机坏掉了。

餐桌的花瓶里插着尤加利的叶子。

小树举着面包片，划过尤加利的叶子，说：

飞机飞过树梢。

她将面包塞进嘴巴里说：

飞机飞进小树的嘴巴里。

（三）

给小树找出一件新外套，那是一件红色的滑雪衫。

我说：小树，这是一件恐龙衣，你穿上了就变成一只红色的恐龙。

她很兴奋地穿上衣服，装出恐龙凶猛的样子。

（四）

晚饭后，小树拿了两罐牛奶过来。

保姆走过来让她不要喝。

她就对保姆挥挥手说：阿姨再见！

保姆离开了房间。

小树指指两罐牛奶，说：这罐妈妈，这罐小树。

然后拿起一罐递给我，又竖起一个手指，轻声说：嘘，不要让阿姨知道。

2019 年 12 月 30 日

看不见的冰激凌

小树手上拿着一根棒棒糖在吃，要玩滑板车了，就把棒棒糖拿给我，我顺手就塞进嘴巴里。

小树叫了起来！

我说：小树，妈妈不是吃哦，妈妈是替你保管，妈妈的嘴巴就像一个仓库，替你保管棒棒糖呢！

小树就不叫了！

过了一会儿，她突然不滑了，冲我走过来，从我的嘴巴里夺走棒棒糖放进自己的嘴巴，踩着滑板车滑远了，一边滑一边冲我喊：妈妈，我有嘴巴，我自己保管！

小树吃完一根棒棒糖，对我说：妈妈，我还要！

我说：小树可以吃糖，但今天不能吃了，吃太多糖会烂牙齿。

小树看看我，不说话，走开了。

走到操场上趴倒在地，看看我又看看地面。

过了一小会儿，从地上爬起来，换了个地面再继续躺下。

很快地，又从地上爬起来，笑眯眯地冲我走过来，伸出一只手，对我说：妈妈，冰激凌好好吃的！

我接过空空的冰激凌，配合她的剧情，欢快地回答说：冰激凌好好吃的！

她美滋滋地用另一个空空的手，将一支看不见的冰激凌塞进嘴巴。

我说：哪里有冰激凌？

小树回答说：手上。

我说：哦，有一个想象的冰激凌好好吃的，啊呜啊呜吃了！

我说：那你刚才为什么躺在地上？

小树答：因为我不开心。

我说：那你为什么又爬起来了呢？

小树答：因为我有了冰激凌。

2020 年 1 月 29 日

化解惊吓

晚上，小树在浴室洗澡，我上楼去找小麦，楼梯走一半一只巨大的虫子乱飞，发出很大的声音，着实吓我一跳！

正在书房跟小麦说话，忽听小树在楼下叫妈妈，听到她的脚步声从楼梯传上来，那只大虫子又被惊扰，小树失声尖叫！

我赶紧跑出去，看到一个光身子的小孩缩在楼梯中间大哭！

我把小树抱起来，一边安抚一边抱回浴室。告诉她：太可怕了，一只像小鸟这么大的大虫子，妈妈也吓了一大跳，好害怕呀！现在赶紧用水把身上的害怕冲走！

我一边说一边将水淋到手上，小树抓起一条小毛巾，浸湿了擦我的胳膊，一边擦一边说：妈妈，我来帮助你！

我舀了一瓢水淋在小树身上，对小树说：妈妈也来帮助你，把身上的害怕冲走！

小树说：我不要把害怕冲走！

我说：不管你愿不愿意，现在害怕已经冲走了，冲到下水道里去了！

我用大浴巾把小树包裹起来，我们轻轻地走出浴室，抬头看到那个大虫子趴在楼梯口的天花板上，我轻轻对小树说：瞧，大虫子现在不动了，它睡觉了，我们也要睡觉了！

小树已经恢复平静，她看着大虫子良久，我抱着她穿过客厅，从大虫子旁边走过，走进了卧室。

一次惊吓经历就这样化解了。

2020 年 7 月 11 日

让小树关门操作手册

娘儿俩在房间里玩，玩得满头大汗。

我对小爱音箱喊：小爱同学，开空调！

空调开了！

我对小爱音箱喊：小爱同学，把门关上！

咦，没反应？

小爱同学，关门，关门！

咦，小爱没说话？

小树哧哧笑着。

我说：小爱同学，你让小树去把门关上！

小树飞快跑去关门。

小爱音箱说话了：这不可能！

小树的手搭在门把手上，迟疑着不知道该不该关门。

我说：是的，这不可能，但小树却做到了，所以小树就是一个奇迹！

小树砰地关上门，跑过来抱住我大腿，笑得像一朵向日葵。

2020 年 7 月 26 日

告别是为了开始

带小树去露营，晚上住帐篷，村子里有个小姐姐一直陪她玩，小树很开心。夜深了，姐姐回家了，我们也准备睡觉了，她有点儿闹，哭着不肯睡觉，光着脚要往外面跑。

半夜里醒来两次，一次大哭，一次小哭，一个人带她，真是有点累的。

早上，我对小树讲：小树，你如果出来露营都这么哭哭啼啼的，那妈妈下次就没信心带你出来玩了！

傍晚，浴缸里放了水，娘儿俩准备泡芳香浴，小树突然说：妈妈，我下次出去玩会开心的，我不哭了！

我对小树说：嗯，妈妈看到你出去玩都不开心，那就不带你出去玩了，因为妈妈希望你开心。昨天你哭是不是因为姐姐回家了，你舍不得？

小树点点头：是的，我想姐姐陪我玩。

我说：姐姐需要回自己的家睡觉，睡醒了还可以一起玩。我们现在回家了，与姐姐分开了，但分开是下一次见面的开始。所以不用伤心，因为姐姐喜欢一个开心的妹妹。

小树抱住我的脖子，用她毛茸茸的脑袋蹭我的脸。

不是因为你又哭又闹，妈妈很累，所以下次不带你出来玩了。而是因为妈妈希望你出来玩很开心，看到你不开心，所以下次不带你出来玩了。同样的事情发生，背后是不同的因果，给孩子的心灵意义是完全不同的。

与姐姐分开了不是告别，而是下一次连接的开始。让孩子拥有更宏大的时空视角，问题就直接超越了！

没学过心理学，做母亲真的很容易受苦，很多次可以崩溃。一个愿意持续成长的母亲，一个深谙孩子身心发展规律的母亲，一个懂得转化之道的母亲，养育孩子真的很轻松自在。

2020 年 7 月 27 日

沟通的艺术

办家家玩过很多身份，小树最喜欢当"小树老板"。

今晚我问她：小树老板，你长大了想赚很多很多钱，拥有很多很多财富吗？

小树笑眯眯地点点头。

我说：那你是要用这些钱去帮助很多很多人吗？

小树摇摇头。

我说：那你是要用这些钱去买很多很多棒棒糖吗？

小树笑眯眯地点点头。

我说：那你是不是还要买很多很多泡泡机？

小树点点头。

我说：那你要把这些棒棒糖和泡泡机分给其他小朋友吗？

小树点点头。

瞧，沟通是一门艺术吧？

2020 年 8 月 6 日

保管桃子

小树拿着半块黄桃，递给我：妈妈，帮我拿一下！

我说：我可以吃吗？

小树叫起来：不行！

我说：那妈妈可以把桃子放到嘴巴里保管吗？

小树答：可以。

于是我就把黄桃塞进嘴巴里，很快地咬碎了吞到肚子里。

小树过来找她的黄桃：妈妈，我的桃子呢？

我答：桃子本来是嘴巴在保管，但一放到嘴巴，牙齿说它来保管，最后肚子比较厉害，把桃子抢走了！所以现在是肚子在保管桃子。

小树说：哦。

明天小树再来问桃子，我要不要告诉她：桃子在肚子里学了魔法，已经变成了屎，然后顺着下水道去旅行了？

2020 年 8 月 15 日

为什么踩刹车

娘儿俩开着车在大街上。

左转弯时，一辆摩托车快速直行过来，我连忙踩住刹车，车子停了下来！

小树在后座问：妈妈，你为什么踩刹车呀？

我说：因为刚才很危险，如果妈妈不踩刹车，就要撞到摩托车上去了！

小树说：妈妈，你说得不对，你的答案上要打一个叉叉。

我说：那你告诉我正确答案好不好？

小树说：汽车一直在跑跑跑，它累了，就要踩刹车停下来休息一下。休息一下就有力气继续跑了！

大人常常跟孩子讲人话，孩子常常跟大人讲童话。要想赢得孩子的心，少讲人话，多讲童话与神话，鬼话也行啊！

2020 年 9 月 1 日

让小树穿衣服

洗完澡的小树不肯穿衣服，在房间里跑来跑去，像一条光滑的泥鳅，抓都抓不住。

我做完一个天赋解读个案，去布了一个"事事如意"的茶席。然后我欢快地叫着小树的名字！

一条白泥鳅踩着滑板车从房间里滑出来，一看到茶席，丢下滑板车，飞快爬上椅子，大声叫着：妈妈，我要喝茶！

我说：真的吗？你要陪妈妈喝茶，用这么漂亮的杯子吗？

小树猛烈点头。

我说：这么漂亮的杯子要配漂亮的衣服呀，你都没穿衣服，怎么配杯子呢？

小树说：妈妈，我要穿漂亮的衣服！

好了，让孩子乖乖穿上衣服的教程写完了，我要享受这一盏荒野红茶了！

2020 年 9 月 23 日

车子为什么会响

早上，开车带小树去幼儿园。

车子发出声响，小树问：妈妈，车子为什么会响啊？

我说：这个车子与妈妈的手机是连起来的，妈妈的手机收到信息，车子就响了，它们是会互相影响的。世界上很多东西都是连起来的，比如妈妈心里连着小树，小树心里连着妈妈，妈妈与小树是会互相影响的。你心里连着谁啊？

小树说：络络哥哥。

我说：哦，络络哥哥是你的好朋友，你与络络哥哥是会互相影响的。

小树说：还有诚诚哥哥。

我说：是啊，诚诚哥哥总是和你一起出去玩，你们会互相帮助。你可以再看一看自己的心里还有什么？是不是还有恐龙玩具？还有奥利奥咸奶油蛋糕？

小树说：妈妈，我的心里有很多很多。

我说：是啊，你的心里装着全世界，你就能影响世界呢！

……

就这样，由汽车的一个声响，引出一段长长的对话，叮叮咚咚铺满上学的路途。

成长无小事

小树穿着棉拖鞋在客厅里跑，跑得太快，拖鞋又笨重，她重重摔了一跤，倒在地上就扭动起来，厚重的外套也让她不舒服。她小脸涨得通红，在地上像一条毛毛虫一样蠕动。

她爬到我旁边，挣扎着站起来，小脸皱成一团，扯着衣服喊着：不舒服，不舒服！

我看着她，温柔地对她说：小树，情绪不能解决问题，你有什么需求要告诉妈妈，你可以说：妈妈，请帮我脱衣服。这样妈妈就知道怎么帮你了。

我一边说一边帮她解开扣子。她打开衣服，发现自己没有办法将袖子脱下来，我对她说：现在你的需求是什么？告诉妈妈。

小树说：妈妈，请帮我脱衣服。

我欢快地说：好的，很乐意帮助你！

衣服一下子就脱下来了。小树笑得很开心。

我说：小树，请你将衣服抱到睡觉的房间去，放到椅子上。

小树马上抱着衣服走了。

瞧，孩子学起来多快啊，教一次就做到了！

这个时候不教，孩子有情绪，家长也跟着有情绪，孩子没机会学习到正确的处事方式，等长大了，就不好教了哇！

2021 年 2 月 3 日

排队

　　早上醒来，娘儿俩一起穿衣服，小树的长裤很紧身，需要我帮她穿。正准备穿，她却一骨碌滑下床，去照顾她的恐龙了！

　　旅途中，我照顾她一个，她要照顾十只恐龙，睡觉前要给它们讲故事，草木染的方巾铺在地上当床，再盖上草木染的方巾当被子。早上再掀开被子叫它们起来，当然，还得帮恐龙叠被子。

　　做完这一切，再一次爬到床上，对我说：妈妈，帮我穿裤子！

　　我说：不行，我在写文章！

　　小树叫起来：不，不……

　　我说：刚才裤子排在第一位，文章排在后面。可是你却跑开了，所以文章就变成了第一位，现在裤子得排队！

　　我拍拍床上的裤子，对它说：乖乖排队哦，你不要再那么调皮跑来跑去啦！

　　小树不闹了，下床去找来一袋水果，自己剥砂糖橘吃，后来对我说：妈妈，我要吃苹果！（意思是让我帮忙洗一下）

　　我说了两个字：排队！

　　小树就把苹果排在裤子后面。

2021 年 2 月 12 日

心里的房间

早上先送小麦返校，再送小树的被子去幼儿园。

小树留在车上没有进园。我将被子送到，与小树的老师聊了一会儿，得知小树最要好的同学，我们且称呼他为"小A"，要转学了！

回到车上，开车回家，我对小树说：妈妈告诉你一件事，你的好朋友小A要去华侨幼儿园读了！

小树马上叫起来：我也要去华侨幼儿园读！

我说：你是不想离开小A吧？你可以把小A放在心里。你觉得把小A放在心的左边还是右边？

小树答：右边。

好的，那是放在右边的上面还是下面？

下面。

好的，那么是放在下面那个圆形的房间还是三角形的房间？

三角形。

好的，那么将三角形的房间涂成蓝色还是黄色？

涂成蓝色和黄色的彩色。

好的，那么，你将小A放在了你心里的右边的下面，那个三角形是蓝色和黄色的房间里面了！

可是，小A没有在我旁边啊？

是的，没有谁可以一直在我们旁边，但我们可以把喜欢的人放在心里啊，我们可以在心里留一个房间给他，我们的心很大很大，有很多很多房间，刚刚我们送哥哥去学校，与哥哥分开了，现在你心里能不能想到哥哥？

能！

你现在心里能不能想到杧果？

能！妈妈，杧果也有一个房间！

是的，妈妈现在带你去菜场旁边的水果店买杧果好不好？

好！

早上的一段对话，告诉孩子"没有谁可以一直在我们身边，但我们可以把爱的人放在心里面，我们的心很大，有很多很多房间"。

2021 年 3 月 5 日

隧道里为什么没有雨

有一天下雨去接小树，经过石郭岭隧道的时候，我问小树：小树，为什么隧道里没有雨呢？

小树在后座沉默，后来说了一句：妈妈，你不要问这个问题，这个问题是七岁的我才回答的，现在我只有五岁！

我说：哦，那你什么时候七岁呢？

小树说：我过几天就七岁了！

昨天晚上泡脚，小树将夹染的小木块放到脚盆里，我说：好了好了，放两块就好了！

小树说：一岁放一块，我七岁了，放七块！

啊，已经七岁了？我赶紧问：那隧道里为什么没有雨呢？

小树竖起食指放在唇边：嘘……

她轻轻地说：妈妈，这是一个秘密……

2021 年 3 月 15 日

适合的动作

早上，刷牙，小树刷完之后用电动牙刷敲水龙头，被我制止，小丫头不开心，撇嘴。

切吐司，小树要自己切，拿着刀划来划去当玩游戏，被我制止，又不开心，眼泪汪汪。

我把她晾在一边，让她与她的情绪待在一起。

过一会儿，走到她身边：是不是不开心啊？早上被妈妈否定、制止两次啦！

小丫头扑到我怀里嘤嘤嘤。

我说：刷牙的时候你用牙刷敲水龙头，这是多余的动作。切吐司的时候你拿刀玩，这是危险的动作。妈妈制止你，是让你去反思"适合的动作"是什么，现在你觉得哭鼻子是适合的吗？

小丫头抬起头来，不哭了，她说：妈妈，擦鼻涕是适合的动作。

2021 年 3 月 18 日

吃吐司

早上，将烤好的吐司切成方形端上餐桌。

小树叫起来：我不要方形，我要三角形！

我说：今天的吐司就是方形，你要接受它现在的样子！

小树说：不，我要三角形！

我抓起一块吐司，一边咬一边说：你要三角形可以自己咬出来呀，我示范给你看！

小树笑了，抓起一块也咬了起来！

我说：对，就是这样，你要什么，就自己想办法创造。你不想创造，就接受它本来的样子！

小树开开心心吃吐司，配着热乎乎的牛奶。

2021 年 3 月 24 日

听觉的秘密

我在厨房忙碌，小树在餐桌前掐豆芽，她对我说话，我"嗯嗯"回应着。

小树叫起来：妈妈，你不要"嗯嗯嗯"啦！

我一惊，对她说：好的，妈妈刚刚把"嗯"字说完了，每个大人每天可以说二十个"嗯"，我现在不会说了！

小树笑了，觉得很新鲜，她说：妈妈，你继续说"嗯"好不好？

我说：我今天不说了，说完了就不可以说了，你想听，我明天再对你说，每天可以说二十个！

小树拍手，很开心地说：好的，我还想听妈妈说"嗯"！

这是前天傍晚的时候。

早上，一起在早餐店吃早餐，小树突然说：妈妈，你说"嗯"好不好？

我说：嗯，我现在说一个，然后省着点用，一天刚刚开始呢！因为"嗯"不仅是对你讲，还要对别人讲，不能一下子都讲光呀！

小树的眼睛亮亮的，用力点点头。

"嗯"一开始是对孩子的敷衍，而后来它却变成了母女的连接，这里面藏着听觉的秘密！

2021 年 4 月 15 日

养乐多哺育大地

早上，小树拿了一瓶养乐多跟我到了楼上，我叮嘱她说：养乐多是凉的，早上起来先吃温暖的食物，迟一点再吃哦！

她坐在楼上小客厅的沙发上，双手紧紧抓着养乐多，大眼睛盯着我。

我将昨晚换下来的脏衣服拿去洗衣房，正在整理衣服呢，就听到小树在外面哭着叫妈妈：妈妈，养乐多，妈妈……

跑过去一看，养乐多大半瓶已倒在地板上了，小丫头握着瓶子，哇哇哭着，瓶子里还剩一点点！

我说：呀，养乐多打翻啦！妈妈赶紧拿毛巾来擦干净，你是不是很难过呀，你那么想喝养乐多，现在没法喝啦！

我手脚麻利地将地板擦干净，毛巾用清水搓干净晾好，去紧紧抱住那个小泪人。

我把小树抱起来，很温和地对她说：你太想喝养乐多了，忍不住要自己打开，结果没拿稳对不对？

小树点点头。

我说：地板也想喝养乐多，它喝到了！妈妈用毛巾来擦养乐多，毛巾也喝到了！毛巾拿去洗，脸盆也喝到了！脸盆里的水倒进水槽，水槽也喝到了！水流进了下水道，下水道也喝到了！下水道通往大地，大地也喝到了！

大地生长万物，大地上的树呀、花呀、草呀，全部都喝到了养乐多，原来你那么喜欢分享啊！瞧，瓶子里还有一点，小树还是可以喝养乐多！

小树早已经笑了，挂着泪珠欢笑的小树，像清晨的豌豆花上挂着露珠。她说：我不喝，我要吃了热乎乎的小笼包再喝！

后来，娘儿俩牵手去小区门口的早餐店吃小笼包配牛奶与豆浆，小树吃饱了，也不想喝养乐多了，我就帮她喝掉了！

孩子不听母亲的话，偷偷打开养乐多想喝，结果养乐多打翻了洒一地，孩子哭了！

孩子哭不仅仅是养乐多洒了心疼，更害怕被母亲责骂。

骂当然没法改变事实，也无法在那个当下帮助孩子，骂只有一个作用，就是宣泄母亲的情绪。

看清这背后的真相，咱就切断惯常的反应模式，不妨让养乐多去哺育大地！让自己的爱去哺育孩子吧！

2021 年 4 月 23 日

"六一"的礼物

周六到高市乡水碓基村摘蓝莓，村里一个小女孩一直跟着我。回程的时候，我对她讲：阿姨会来看你的，带礼物来看你！

今天"六一"，小树放假在家。我对她讲妈妈带你去乡下找妹妹玩！我让小树收拾一袋她的玩具，再收拾一箱衣服，还有一只巨大的熊，是带给妹妹的礼物。

我对小树说：你挑选一下，哪些玩具你很久没玩了，或者是你很喜欢的，送给妹妹。送走一些旧玩具，你的玩具箱就能装下新玩具。你喜欢的送出去，不仅送出去玩具，也送出去你的快乐！

那一袋都是小树自己整理的，有小汽车、飞轮、奇趣蛋，还有书。

我对小树说：哈哈姐姐送很多衣服给你，海燕阿姨也给你买很多，小树穿不完，也送一些给妹妹，衣服够穿就行。

小树无异议，我就装了一箱当季的衣服。

我对小树说：大熊是晗晗姐姐送给你的，你收到时很开心，你再送出去，送出去也很开心，妹妹收到了也开心！全部都是开心！

小树同意了，这一段催眠句式，她听到的都是开心！

去水碓基村有漫长的山路，小树在半路就睡着了。到了村里，天空下着蒙蒙细雨，小树还没醒，那个小女孩与她的家人在门口玩。我将礼物送去，那个小孩惊呆了！

或许在她心里，我像是从天而降的魔法师。

我完成了一个小小的诺言，让这个小孩经历了一次被路人爱过的感觉，从而认可到自己是值得被爱的。

这就是我给我的女儿"六一"的礼物，不是给她买礼物，而是带她将礼物送给别人。

2021 年 6 月 2 日

问题泡泡

开车回村的路上，过一个红绿灯，直行绿灯了，左转还是红灯。

小树问：妈妈，为什么左边还是红灯？

我说：这是个好问题，你很会观察。什么时候红灯，什么时候绿灯，什么时候红灯变绿灯，要计算这个路口的流量。怎么算出来的呢？像哥哥这么大或许你就知道了！

你现在可以把这个问题抱住，就像抱着一个泡泡。答案会在前面等你。很多问题的泡泡冒出来，就把泡泡抱住，抱着它去找答案。到哥哥那么大的时候，你就会收到很多很多答案了！

小树问：妈妈，泡泡是什么颜色的？

我反问她：你说"为什么左边还是红灯？"这个问题的泡泡是什么颜色？

小树答：是红色。

娘儿俩这么说着话，车子就开回了村。

2021 年 6 月 29 日

四岁小孩神奇的脑回路

（一）

树妈：树，我对你说一个秘密，有些人冷冰冰的，就像一块大石头，有些人是很温暖的，就像一个太阳。有些人是甜滋滋的，就像一块小蛋糕。你说说看，妈妈像什么？

小树：妈妈像安全出口。

树妈：那爸爸呢？

小树：爸爸是一个臭屁。

树妈：那哥哥呢？

小树：哥哥是一辆汽车。

树妈：那你呢？

小树：我是甜滋滋的小丫头。

（二）

小树：妈妈，你再生一个小宝宝好吗？

树妈：好啊。

小树：妈妈，你再生一个妹妹还是一个姐姐？

树妈：你选。

小树：那你生一个弟弟吧！

（三）

妈妈……一个小女孩大叫着向我跑过来，我会嗑瓜子啦！

她站到我面前，黑眼睛乌溜溜的，捉着一颗南瓜子在牙齿间嗑。

我笑眯眯地看着她，说：你说说看，这么能干的小孩是谁生的？

我等着她说出答案，自己可以收获一个隐形的赞美。

小树咧开嘴，脆生生地说：姨妈！

她一阵风似的跑远了，丢下一句话，远远传过来：我是姨妈生的……

（四）

开着小花（我的车叫小花）听着周深的歌。

周深的声音雌雄难辨。

我问小树：小树，你说说看，是女生在唱歌还是男生在唱歌？

后座传来一个清晰的答案：是小花在唱歌。

（五）

小树举着她的游戏机让我玩。

我摆摆手：妈妈不玩，妈妈不会玩。

小丫头眼睛一瞪：你不会玩，你还不愿学。我们没法做朋友了！

她走了，留下我在风中凌乱。

2021 年 7 月 14 日

117

小树的成就

前天早上，我带着小树待在家里，门铃忽然响了，打开一看，是三个同小区的小孩，两个男孩一个女孩，都比小树小一点。

三个孩子一进屋，立即被小树的玩具吸引，迫不及待伸手去拿，小树大叫起来：不许动！

不能拿我的玩具！

玩坏了你要赔钱！

不要说话，你们太吵了，我是组长！

……

我坐在茶桌旁，看到一个严厉的小丫头，气势汹汹地掌控着她的地盘。

三个小孩挤在沙发上，在小树的威严之下服服帖帖。

过了一会儿，那几个孩子觉得无趣，朝门口走去，他们准备回去了！

小树跑过来：妈妈，他们为什么走了？

我说：你太凶了呀，你凶巴巴的，他们很有压力的，你又不陪他们玩，又不分享玩具，他们在这里不开心，不开心为什么还要留在这里呢？

小树眼睛忽闪忽闪：哦，我懂了！

她转身跑去，拿了她的恐龙跑到门口，拉着那些孩子，甜甜地说：我们一起玩恐龙吧！

三个孩子都被她撩回来了，她带着弟弟妹妹们一起在沙发上玩恐龙，气氛完全变了，小树变成一个充满亲和、乐于分享的小姐姐，她宣布规则，关注到每一个人，耐心指导，善于聆听，在我面前呈现出祥和的气象。

接下来，一切都很和谐欢乐，小树分享了她的玩具，在与小伙伴的互动中，她呈现出慷慨、聪慧的品质与卓越的领导才华。

直到临近中午，孩子的家人来带他们回家吃饭。小树与小伙伴们依依惜别。

在这个过程中，我做到了教育的"尽量不干预"原则。我只是在外围静静守护着，当小树跑过来问我"他们为什么走了？"，我就给予反馈，让她知道自己的表现，从而矫正她自己。

父母教导得越少，孩子的体验被干扰就越少，他们会在自己的体验中拥有内在观照的机会，从而获得心智的发展。在一个安全的范围内，孩子若有机会做困兽之斗，从困境中用自己的力量挣脱出来，这就是孩子的成就。

2021 年 7 月 15 日

我要吃东西

昨天去接小树放学，她一上车就说：妈妈，我要吃东西！

我说：好，我们回家去吃东西！

小丫头大叫：我要现在吃！

我说：现在没有呢，我们赶紧回家！

小丫头叫得更响：妈妈，我要吃东西！

我说：你试试再叫响一点有没有东西吃！

小丫头扯着嗓子嚷：我要吃东西，我要吃东西！

车子一头驶进隧道，她的嚷嚷与我的烦躁被一同吞进幽暗的通道，隧道将我们吐出来，夕阳的余晖洒满车身。

我对小树说：你想吃什么呀？牛排？意大利面？比萨？烤鸡翅？牛肉面？鱼丸汤？冰激凌？……

小树发出低低的又兴奋的声音：冰激凌！

我说：吃什么口味的冰激凌呢？草莓味？蓝莓味？香草味？抹茶味？巧克力味？

小树很喜悦地回复：蓝莓味！

我说：哦，蓝莓味，那我们去哪里吃呢？油竹那家店里吗？或者与非咖啡馆？或者圣贝拉蛋糕店？还是去肯德基？

小树说：咖啡馆！

我说：咖啡馆不仅有冰激凌，我们是不是再点一杯咖啡？

小树拍手：好！

我说：点什么咖啡呢？要不要加奶？不加奶就是喝手冲，加奶就变成了意式，不同的比例就变成拿铁、卡布奇诺……（我像唐僧一样碎碎念了一堆关于咖啡的资讯）

小树静静地听着，最后她选了一杯拿铁。

我说：有冰激凌了，有咖啡了，那我们再点一块小蛋糕吧！栗子蛋糕、玫瑰红丝绒蛋糕、巧克力蛋糕。

小树说：我要巧克力蛋糕！

我叫起来：什么？你要吃巧克力蛋糕！那蛋糕黑乎乎的，吃起来有点苦，我不要！我要栗子蛋糕或者玫瑰红丝绒蛋糕……（我又唐僧念经，絮絮叨叨说了一大堆栗子蛋糕与巧克力蛋糕）。

小树改变了主意，她将巧克力蛋糕换成了栗子蛋糕。

现在，摆在小树脑海的，有蓝莓冰激凌、拿铁咖啡、栗子蛋糕。

我问她：够了没？要不要再点一杯果汁？

小树说：不要了，不要了！

车子已稳稳停到了楼底下。

我转头问她：好不好吃？

小树笑眯眯地点点头：好吃！

我打开车门，小树也从车上下来，看起来一副饱足的样子。

红猪恰好走路下班，也到了楼下，小树欢叫着扑到红猪怀里，我们一前一后走回家去。暮色渐渐垂下来，风绵软，这一幕光影沉醉，恰似母爱的温柔。

2021 年 10 月 7 日

袜子连续剧

早上起床，我去衣柜里给小树找了一双蓝色的厚袜子，拿到她旁边准备穿，她却说：妈妈，我要穿小汽车的那一双。

我迟疑了一下，小汽车的袜子很薄呀！这大冷天根本不适合穿。但我还是对她说：这样好吗？你先把这双穿上，然后你去柜子里找你要穿的那双小汽车袜子。

小树点点头。

她穿好了蓝袜子，去柜子里很快就找到了小汽车袜子，她举起袜子对我说：妈妈，你的眼睛太笨了，都没有找到！

我笑了，朝她招招手，让她回到床上来换袜子。

换好了右脚。我对小树说：小树你看，小汽车的袜子很薄，是秋天穿的，现在是冬天，穿蓝颜色的袜子比较合适，而且小汽车的袜子太短了，没有办法包住你的棉毛裤，所以这里的皮肤会露出来，这很冷了！我们不

121

穿小汽车的袜子，穿蓝颜色的袜子好不好？

小树的身子扭了一下，坚持说：不，我要穿小汽车的袜子。

我说：你可以穿小汽车的袜子，那你就要承担穿它的后果，那就是你的脚会比较冷哦，你还坚持要穿吗？

小树看着我，沉默了一会儿，对我说：我要抱抱！

我温柔地把她抱起来，一边抱一边说：好的，抱抱，抱抱！

小树接话了：我要抱着穿蓝颜色的袜子！

我把小树抱在怀里，帮她脱下小汽车的袜子，再细心地为她穿上蓝颜色的袜子，一边穿一边对她说：你看，我们今天早上是袜子连续剧，第一集是妈妈去拿蓝颜色袜子，第二集小树去拿了小汽车袜子，第三集发现穿小汽车袜子太冷了，又穿回了蓝颜色袜子。

小树笑了，问我：那第四集呢？

我说：第四集就是小树穿着蓝颜色的袜子去了幼儿园。

小树又问：第五集呢？

我说：第五集呀，就是袜子穿脏了，去了洗衣机。

小树笑了，说：第六集就是袜子晾干啦！

我马上接下去：第七集就是袜子收起来，放到了柜子里！

这个时候袜子已经穿好了，小树从我的怀里滑下去，在屋子里走来走去，她还在想着袜子连续剧：那第一百集呢？

我说：等到一百集的时候，小树已经上小学啦！

小树很开心，她眼睛骨碌碌转着对我说：妈妈，我肚子饿了，我要吃早餐，去幼儿园！

我知道这个时候的她很期待去幼儿园，袜子连续剧的剧情还在她的潜意识里播放，她渴望长大，期待去遇见一百集上小学时的自己。

2022 年 1 月 5 日

你被谁控制了

吃晚饭的时候，小树突然问我：妈妈，你被谁控制了？

我愣了一下，有点不明白，就看着她。

小丫头说：你的心里面有两个小人，一个是开心的小人，还有一个是不开心的小人，你现在被哪个小人控制了？

我展开笑脸问她：你快看看，妈妈被哪个小人控制了？

小树笑眯眯地回答我：被开心的小人控制了！

我反问她：那你呢？你被哪个小人控制了？

小树说：我的心里只有一个小人，就是开心的小人。

2022 年 1 月 9 日

你才是念头的主人

早上醒来，小树对我说：妈妈，我要吃益生菌！

一会儿她又说：妈妈，我要去外公家！

我白了她一眼，对她说：你有没有留意到，你的脑子里面有念头冒出来，冒一个出来你就跟着跑，我要吃益生菌，我要去外公家，我饿了，我冷了，我要尿尿，我要看姨妈，我要玩游戏，我要看电视，我要去小星星

123

游乐园，我要妈妈陪我玩……你跟着你的念头跑来跑去，念头又不是你的主人，你才是念头的主人，你的念头跑出来的时候，你要把它们管理好，选一个当下最重要的念头，其他的念头让它们乖乖地排队！你说你现在最需要做什么？

小树笑了，回答说：我要穿毛衣！

2022 年 1 月 24 日

需要和想要（一则）

（晚饭后）

小树：妈妈，我可以吃香肠吗？

树妈：你是需要吃香肠还是想要吃香肠？需要吃问问你的肚子，想要吃问问你的眼睛。

小树：肚子说饿了，需要吃！

树妈：行，你吃吧！

（过了一会儿，她拿着一个果冻过来了）

小树：妈妈，我不吃香肠了！我可以吃果冻吗？

树妈：果冻是需要吃还是想要吃？

小树：需要吃！

树妈：好，肚子需要食物，那你先把香肠吃完，还不够，再吃果冻。

（小树放下果冻，将剩下的香肠吃完，她后来也没有吃果冻，可能她学会了聆听身体的需要。）

需要和想要（又一则）

（晚上下楼去拿包裹，楼道黑，一脚踩空，脚崴了，痛得我龇牙咧嘴，打电话给红猪，一会儿小麦下来当我的拐杖，将我扶回家。）

坐了好久，让疼痛缓过来。

小树很关心我，她有点儿紧张，一次次过来问，我让她走开，妈妈想跟疼痛待一会儿。

后来，我坐到餐桌前，开始修剪我的指甲，准备涂一款新的指甲油。小树又过来了，问我在干吗。

我回复说：妈妈要化痛苦为美丽，涂一个漂亮的指甲。

小树放松下来，她爬上椅子，兴致勃勃地说要给我涂指甲油。

我让她先学习，看妈妈是怎么做的，小丫头聚精会神地看我操作。

我示范了一次转化之道。

2022 年 1 月 28 日

葡萄要排队

下午给小树泡了一个芳香浴，自己也顺便洗了澡，先帮小树穿好衣服，吹干头发，让她去外面玩，我就留在浴室里打理。

小树走进来，对我说：妈妈，我要吃葡萄，给我洗葡萄。

这样的时刻，你会说什么呢？我想很多的妈妈都会回应孩子"等一下"。

我们在这里停顿一下，觉察一下我们说出去的语言，"等一下"——这是一个模糊的词汇，等一下，到底是等多久呢？要怎么等呢？在哪里等呢？孩子都不知道。

而我回应小树的是：葡萄要排队。

接着我告诉她：妈妈要把地上的水擦干，我还要吹干自己的头发，然后去涂面油，再把脏衣服拿到楼上去，做完这一切就可以给你洗葡萄了。

大家发现没有，我很清晰地告诉小树，我接下来要做的事情，以及它们的顺序。而"葡萄要排队"这样的语言是图景式的，是一个五岁不到的孩子能够理解的语言。

我让小树选择可以去玩玩具，也可以去邻居家，或者爬到床上去睡个午觉，小树乖乖走到外面去了，孩子是很愿意遵守规则的，只要告诉他们清晰的逻辑，并且信守承诺。

这个很寻常的场景里，也有着妙不可言的教育机会，你 get 到了吗？

2022 年 2 月 2 日

与疼痛沟通

昨晚小树发现嘴巴里长了一小片儿溃疡，很痛，我告诉她，因为这两天她吃了一些咸的、上火的食物，所以嘴巴就长溃疡了，叮嘱她多喝水。

今天早上起来，她指指嘴巴喊痛。我给她倒了温开水，陪她吃早餐，告诉她：妈妈知道长口腔溃疡是很痛的，你告诉妈妈很痛，并不会让它消失，但你可以和这个痛去沟通一下，问问嘴巴里这个痛痛的小人，它准备几天好呢？是三天还是四天呢？

小树用手指指嘴巴，开始与痛沟通：痛痛，你要几天好呢？

小树眼睛一亮，对我说：四天！

我说：四天太长了吧？三天就差不多了！

小树点点头。

我说：现在你可以带着痛痛一起吃早餐了，给它一点营养，让它好得快一点。等下你还可以带着痛痛去幼儿园玩。

小树突然指指我下巴上的痣，叫起来：妈妈，你有一颗痣，你的痣在外面，我的在里面！

她将一只手伸进她保暖杯的杯套里，对我说：快看，我一只手在外面，一只手在里面，就是这样子的！

我说：是的，你有痛痛，我有痣痣，它们都是我们的朋友！

小树眉开眼笑，一口一口吃早餐，将她的痛痛喂饱。

开车送她去幼儿园，打开车门的时候，她不忘说一句：痛痛，我带你去我的幼儿园！

她的语气是欢快的，她还告诉我，到了幼儿园要告诉老师，她的嘴巴里有一个痛痛。

我知道她和痛的关系已经改变了，小丫头学会了与疼痛沟通。

2022 年 3 月 3 日

害怕变成了春天

昨天行走在山路上，有人突然放鞭炮，小树吓住了，她扑到我怀里，我把她抱起来，她说：妈妈，我害怕。

我把她晃一晃，对她说：我们把这个害怕抖掉。

她说：害怕还在，在我心里。

我说：妈妈继续晃，把害怕晃出来。

小树说：现在害怕到你那儿了。

我说：那妈妈跳起来，害怕就从妈妈的身体里飞出去，跳到了树枝上，风一吹，树枝抖一抖，害怕就张开了翅膀，像小鸟一样飞得很高，飞到了白云上！

小树笑了，说：害怕从白云上掉下来，变成了雨滴。

我说：雨滴落到大地上，小草喝了水发芽了！花骨朵喝了水开花了！

我问小树：害怕还在吗？

小树说：害怕变成了春天。

2022 年 4 月 11 日

伶牙俐齿

（一）

让小树做数学题。

蓝莓一岁吃一颗，小树五岁吃几颗？

答：五颗。

蓝莓一岁吃两颗，小树五岁吃几颗？

答：五颗。

为什么一岁吃一颗，五岁吃五颗。一岁吃两颗，五岁还是吃五颗？

答：我是不会变的。

（二）

妈妈，我的冠军奖牌给你戴！

为什么给我戴？

我的荣誉要和你分享，你是我最爱的女生了！

（三）

小树，你不要再用小马桶了，你可以坐在抽水马桶上了！

可是我的屁股还很小啊，我的脚也够不到地面啊！万一我不小心掉到马桶里被冲走了，你就没有女儿了！

魔法师

檀香面霜用完了，留下一个黑色的瓶子。

我对小树说：树，这个瓶子送给你，你可以当魔法瓶。

小树眼睛亮了：妈妈，我可以带去幼儿园吗？

我说：你想向同学展示你的魔法吗？

小树说：老师不让带的，你去帮我说。

我答：这是你的瓶子了，你自己说。

临出门，小树坐在地板上，拿着瓶子纠结，她想带上，又怕被老师骂，不带，又有点不甘心。

我说：小树，你现在已经失去魔力了，妈妈把瓶子送给你是让你快乐，而不是让它变成你的烦恼。你带上，有带上的乐趣，可能有挨骂的风险。你不带，不会被骂，但也会失去分享的乐趣。你看到这些事实，你就是魔法师。

小树一骨碌从地上爬起来，将瓶子放在鞋柜上，跟着我出门了。

2021 年 9 月 11 日

小树的舞台

　　临江阳台做了大的改造，做了区域划分，将我书房外的空间整体抬高，铺了塑木地板。昨天做了一整天，完工了！小树放学回家，我带她看，并对她说：小树，这是爸爸妈妈给你建的舞台，你可以在上面表演。

　　小丫头很开心，在舞台上走了几圈，说：妈妈，我很喜欢这个舞台，它还可以再大一些，我要那么大，那么大……孩子双手打开，比画着她要的大舞台。我微微笑着，看到她深深拥抱着整个世界！

　　很多人不理解我为什么不遗余力，将家拆了又装，装到第六次！如果我没有学习心理学，不研究家庭教育，我一定与大多数女主人一样，装修好的房子，一住就住到换房，或者一住就是一生，最多换一换破旧的家具，却难得凿墙破洞，大改特改。

　　因为我知道，家是一个容器，是安放家庭关系的空间，是情感流动的场域。我深知家对孩子的意义，一次次改造家，会让孩子直接领略家的无限可能性。家是物质的，也是精神的，更是文化的，需要体验。所有美的要义，应该在生活的衣食住行里去践行它、感受它、看见它。

2022 年 4 月 6 日

2020520，我爱你小树！

（一）

晚上，红猪叫了一份鱼丸汤，我与小树一起共享。

我吃了一口鱼丸，小树发现了，大叫起来：妈妈，你不能吃，你吃了我打你！

这么彪悍！

我该怎么回击呢？

我慢悠悠地说：不行，我已经吃到肚子里了，现在这个鱼丸吐出来已经不是鱼丸了，而是变成了一句话。

小树很惊奇：什么话？

我看着她，笑眯眯地说：小树，我爱你！

小树很开心地笑了，高高扬起的手放了下来，过来搂我的脖子。

我对她说：来来来，你也快吃一口，你吃进去看看鱼丸会变成一句什么话？

小树连忙吃了一口，对我说：妈妈，我爱你！

（二）

小树穿着拖鞋去冲脚，冲了脚湿湿的，跑到卫生间门口滑倒了，她扑在地上嘤嘤叫了起来。

我走过去，对她说：小树摔倒了，因为地是湿的。地是湿的，所以很滑。滑倒了，所以爬起来。爬起来，就可以再去洗一次脚。

小树很快地爬了起来，开开心心又去洗脚了。

（三）

小树洗完澡，裤子湿了。

她跑进房间，自己去找裤子换，把短裤与长裤都换了。

等我走进房间，她已经换得端端正正了。我走近她，看着她的眼睛，把她抱住，对她说：妈妈很开心，看到你自己换好了裤子，你会照顾自己了，懂得照顾自己的人，就可以照顾好别人。

小树紧紧抱着我，对我说：妈妈，我睡外面保护妈妈。

（四）

要睡觉了，小树请我讲睡前故事，她说：妈妈，我要听虾的故事！

虾的故事？这是啥故事？为娘要的是你赶紧给我秒睡啊，我今晚上两节课，又陪你这个小公主，我今天的余额不到两小时了，《狂野地写作》三千字我咋完成啊！

妈妈，我要听虾故事——小姑娘热情洋溢地表达她的诉求。

好吧，那你要听河里的虾故事还是井里的虾故事？答：井里的。

我说：懂了，来，钻到被窝里，妈妈关了灯，我们要开始讲井里的虾故事了！

有一只小虾，它从井里出生，在井里长大，它在井里度过了一天又一天，它度过了白天，它来到了夜晚，就像现在这样。到了夜晚，小虾就变得很平静，很放松，就像小树现在这样。因为小虾准备好要睡觉了，就像小树要准备睡觉这样。井变得黑黑的，就像现在房间这样。小虾不再发出声音，小虾睡着了！就像小树不再发出声音，小树睡着了……

讲到这里，我的声音越来越低，房间里一片寂静，耳边只有小树轻微的鼾声。

一分钟内秒睡，听虾的故事是睡着的起点。

在故事中疗愈

早上，小树仰起脸对我说：妈妈，你能不去诸暨吗？

我说：很抱歉，妈妈有事情得去呢，我星期五就会回来。

小树跟着我进了房间，看我用蒸汽熨斗熨衣服。

我一边熨衣服一边问小树：小树，你要听故事吗？

小丫头很开心，说：要。

我就开始讲故事。

有一个妈妈在熨衣服。她的宝贝在旁边看。妈妈问她，你想不想也熨得平平的呀？宝贝很好奇，说"想"。妈妈就把宝贝挂到衣架上。她手上拿的是一把神奇的熨斗。能把任何东西都熨得平平的。很快，她的宝贝就变成平平的了，就像一张纸片。她的宝贝被熨成了纸片人。

宝贝很好奇自己的改变。突然她大叫起来：妈妈，我动不了了。平面是不会移动的。

妈妈笑了，说：不怕不怕，我把你变回来。妈妈就把纸片宝贝取下来。像捏橡皮泥一样，开始捏她的宝贝。过了一会儿，她的宝贝变回来了，但少了一只眼睛，怎么都找不到了，她的宝贝变成了独眼龙。

宝贝又着急了。因为她只能看一半的世界。妈妈说：别急，别急。她捡了一颗葡萄干，装在宝贝的眼眶里。宝贝现在有两只眼睛了，其中一只充满了葡萄的芬芳。

小树听入神了，听到这里叫起来：妈妈，我要吃葡萄干！

我说：好啊，那妈妈回来的时候给你买葡萄干当礼物，好不好？

小树非常开心，她张开手臂，很兴奋地说：我要大葡萄干。

这个时候红猪过来叫她去幼儿园。她向我挥挥手，对我说：妈妈再见。

小姑娘对妈妈出门的不舍，被一个故事疗愈了。你说说看，这个故事是怎么疗愈孩子的呢？

2022 年 5 月 22 日

小树吃糖

昨天吃了午饭，小树要吃薄荷糖，我对她说：小树可以吃薄荷糖，三点钟就可以吃了。

小树问我：时间到了吗？

我说：还没有，请耐心等待。

之后，她不时跑过来问我：妈妈，我可以吃糖了吗？

我说：你等待的时间越来越少了，很快就可以吃了。

两点半的时候，她忍不住咬开了糖纸。

我说：你现在可以先用你的眼睛吃，用你的鼻子吃，再过半小时就可以用你的嘴巴吃了。

小树看一看，再闻一闻，放下糖又跑开了。

三点钟到了，我去叫小树：快来，吃糖的时间到啦！

小树非常兴奋。她拿起糖舔了舔，小心翼翼地品尝着这份清凉的甜味。

幼小儿童非常轻信、易教、顺从、易受驾驭，他们意志独立的程度很低，小树听命于她的母亲，等待了两个多小时才吃到糖果，却因为这份顺从，她忍耐的意志被发展了。

2022 年 5 月 24 日

是大还是小

开车过隧道。

小树问：妈妈，为什么过隧道的时候要把窗户关上呢？

我说：隧道里的空气不太好，所以就把窗户关上。

小树问：爸爸带我坐公交车过隧道的时候，他都让我打开窗户透透气。

我说：那是因为公交车上的空气比隧道里的更差。

我说：你和茶茶比，你比茶茶大。你和妈妈比，你比妈妈小。你是大还是小呢？要看你和谁比。过隧道窗户要不要开也是这样的道理。

这个时候一辆卡车从旁边驶过。

小树说：妈妈，我比卡车小。

我说：那你和蚂蚁比呢？

小树说：我比蚂蚁大。

我说：那你是大还是小呢？

小树说：我可以大也可以小。

2022 年 5 月 28 日

放开疼痛

昨天下午，小树拿了一个创可贴过来，让我帮忙给她贴上。

我说：哪里受伤了？妈妈看看。

她举起手指给我看，一个很小的伤口，已经结痂愈合了。

我说：这个伤口已经不需要创可贴了，它已经愈合了。你是想包扎想象中的伤口吗?

小树用手捏捏受伤的手指说：妈妈，它还疼的，如果有同学来碰我的手，它还是会疼的。

我说：你懂得保护自己，这很好。创可贴是用来止血的，现在你的手指不会流血了，疼痛的感觉也会慢慢消失，现在你需要放开你的疼痛，允许它慢慢消失，而不是用一个创可贴提醒自己疼痛的存在。

小树放下了创可贴，又跑去玩了。后来晚上要泡澡，她在大浴缸里玩了很久，也没有再说起手指受伤的事。

2022 年 6 月 24 日

自己找答案

妈妈妈妈，穿着红衣服的小树跑过来！

我正在切一块红彤彤的牛肉，我就问她：树，血为什么是红色的呢?

小丫头很自信地说：我知道！因为我穿着红衣服，血就是红色的！

我又问：为什么会这样呢？你穿绿衣服的时候血为什么还是红色呢？

小丫头立即回怼我：自己的问题你自己找答案！

2023 年 1 月 25 日

当年兽来吃我

睡前，小树对我说：妈妈，年兽来吃我怎么办？

好啊，那年兽把我也吃掉，我们就一起住到年兽的肚子里去。年兽的肚子暖乎乎的，我们可以装修一个房间，我们装修的时候，年兽就"哎哟哎哟"地喊肚子疼……

因为我们会钉钉子！——小树马上抢过话头！

是的，我们刷油漆的时候年兽还会打喷嚏！——讲到这里，小树咯咯咯笑了！

娘儿俩畅想了在年兽的肚子里打造一个怎样的世界，反正缺什么，就让快递员把包裹送到年兽的肚子里就好了！

最后，小树心满意足地说：妈妈，年兽的肚子里很温暖，我们不用穿毛衣，也不用盖被子。

我说：是的，年兽是很温暖的，而且它的肚子里很安全。想想年兽，它又温暖又安全。我们在青田有一个家，在年兽的肚子里还可以有一个家，啊，年兽什么时候来吃我呢？我是香喷喷很好吃的人类妈妈啊！

我是香喷喷很好吃的人类宝宝！——小树抢着说。

2023 年 1 月 29 日

允许

今晚，小树对我说：妈妈，我长大了，我要睡自己的小房间了，可以吗？

我说：可以啊！妈妈祝贺你的独立！

她把我拉到客厅阳台的书桌底下，她已铺好被子，还用小毯子给自己做了门帘……

晕死，小房间难道不是楼上那个吗？卧室书桌底下也行啊！

但我话已经说出去了……

内心瞬间交战三百回合，我说：妈妈给你拿被子，把你的小房间变得更暖和一些吧！

我去拿了小被子与毯子，把她一平方米左右的小房间弄得暖烘烘的。

她去提来露营灯，自己脱了衣服就钻进去了！一会儿说：妈妈，我害怕……

我说：那你把害怕抱牢，抱着它睡吧！

一会儿又说：妈妈，这里还很空，你能睡这里吗？

我说：妈妈屁股好大，腿好长，没法睡你那，如果你想跟妈妈睡，那我们回大床吧！

小树坚定地说：不要！

慢慢地，就没了声响。露营灯也熄灭了，我专注投入工作当中，等结束已过了午夜。

开灯察看，小姑娘睡得很香，腿伸不直，一只小脚丫从被子里举起来，我摸了摸，热烘烘的。

我也准备关电脑睡觉了！孩子就让她睡在她的小房间吧！

做我的孩子，我愿意在她人生的不同阶段，给予很多很多允许！

小树主动要求睡小床，睡脚后跟，睡卧室书桌底下，现在要睡客厅书桌底下，孩子不是"作"，而是用各种方式从依恋走向独立。亲爱的宝贝，妈妈允许你去实践自己的很多想法，允许你完成自己的意志！

2023 年 2 月 7 日

闹钟在咆哮

母女俩与娟娟熊在傍晚时分一起开车去梨花村赏花。

娟娟熊定了 19：30 的闹钟回家。

小树提前叫起来：妈妈，我要回家，我要回家！

我立马闹钟上身，咆哮起来：什么？说好了 19：30，为什么要提前？人类为什么要欺负一个闹钟？

小树哈哈哈大笑起来……

闹钟更火了，你们这些人类说话不算话！你们把闹钟当什么？我们闹钟的价值体现在哪里？你们有本事欺负恐龙啊！真是的，再也不跟你做朋友了！你们这些人类，没有闹钟让你们早上都起不来！

小树笑得前俯后仰！

娟娟熊来添柴加薪了：哎呀，闹钟生气了，星星都在笑了，等下星星笑得掉下来了！

哈哈哈哈哈哈，整个梨花村都听到了一个闹钟的咆哮！

2023 年 3 月 20 日

小树餐厅

比利时的大表哥回来，请我们一家在饭店用餐，大包厢两大桌，对于小树而言，除了父母都是陌生人！她很快就坐不住了，向红猪讨手机要玩小猫游戏，红猪不肯，她的小脸皱成一团，叽叽歪歪哼哼起来！

我看到一片圆圆的胡萝卜薄片，我对小树说这是锅，筷架上有一个凹陷，刚好能放下胡萝卜片，所以筷架是灶台。瓶盖是碗，牙签可以穿烤串，香菜叶、黄瓜丝、红豆都是食材。

"小树餐厅"开张了，又当厨师又当服务员忙得团团转，菜肴上的装饰也移到她的餐厅去了，树老板神采飞扬，一手交货一手收钱，我这个唯一的食客享受了五星级待遇，都是一口一口投喂到嘴里的。

很快地，"小树餐厅"扩张了，吸引了在旁边玩手机的小男孩，一个小姐姐也心甘情愿来应聘当厨师。

把孩子托管给手机还是托管给游戏，在于家长的选择。

2023 年 4 月 12 日

孩子不想去上体验课怎么办

小树：妈妈，今晚我不想去上小主持人课。

树妈：去上小主持人课，这是一个决定，不是一个选择。选择是我想或者不想，决定是不管想不想，喜不喜欢都要去！

小树：可是我不会。

树妈：不会才需要去学习呀！你一开始不会打篮球，去学了就会了！有很多小朋友不想上学，后来却变成了科学家。

小树：可是我害怕。

树妈：害怕是没问题的，害怕是一种保护，是一种提醒，因为你想保护自己不要被批评，你也想让自己有很好的表现。所以你可以带上害怕去学习，而不是被害怕控制了。你害怕自己做不好这是一个想法，你去参加小主持人培训了才会收获一份体验。

小树：妈妈，什么是体验？

树妈：你说，妈妈，我要洗碗！——这是一个想法。你真的去洗碗了，打开水龙头，拿起抹布把碗洗干净了！——这就是体验。

小树：妈妈，那你能陪我站在台上吗？

树妈：妈妈会陪你去上课。妈妈是坐在台下为你鼓掌的人。你站在舞台上，就像星星在天空里发光！

小树：妈妈，我想玩大灰狼的游戏！

树妈：啊，我的肚子好饿，我要吃一个人类的宝宝，今天我要吃一个不想上小主持人课的人类宝宝，我要让她知道有一股更大的力量推动她去克服困难，学习新本领！啊，我要让她到我的肚子里面来主持晚会……

小树"咯咯咯"地笑着，迅速躲到我的身后，她已经接受了今晚去上小主持人体验课的决定。

PS: 我这段时间一直在朗诵排练，回家练习的时候发现小树的表现力比我更好。于是帮小树预约了今晚去上小主持人的体验课，这是今天早上与她的对话。

看到孩子有朗诵方面的天赋，给孩子约一节小主持人体验课。家长没有问题。

孩子害怕，不敢去上课。孩子也没有问题。

两者是不对等的，故需要沟通。

孩子才六岁，家长当然可以使用强权迫使孩子去上课，但孩子人去上了，心却还没有准备好。

今天的这场沟通里，有对孩子的要求，也有对她情绪的尊重，更有持续的鼓励。爱里有要求也有尊重还有鼓励，孩子才会有一颗准备好去学习新事物的心。

平时与孩子沟通时，把心的刻度调细腻些，慢下来，让沟通更深入一些，与家长们共勉！

2023 年 4 月 24 日

加法

早上，小树去自饮水机那里将自己的水壶灌满。

她对我说：妈妈，我是用冷水和热水掺在一起就变成了温水。妈妈，为什么冷水和热水会变成温水呢？

我说：这是一道加法。

小树愣了一下。

我继续说：冷水＋热水＝温水。鸡蛋＋面粉＝鸡蛋饼。白云＋水＝乌云。

小树哈哈大笑起来：1+1=2，2+2=4，4+4=8，8+8=16！

哈哈哈，我也大笑起来！

你＋我＝我们，我们快出门吧！再不走就要迟到啦！

2023 年 5 月 4 日

问题没抱牢

去养老院看姨妈回来的车上，我专注开车，小树在后排叽叽喳喳，她向我问了一个问题，我压根儿就没听到，小丫头一个劲追问：妈妈，为什么呀？为什么呀？

问题都不知道，我怎么给答案？

灵机一动，我一本正经点了点头，对小树说：小树，这是个很好的问题。你要把问题抱住，千万别搞丢了！

小树愣住了，问我：为什么？

我说：这是个好问题呀，好到妈妈的脑子都不够用了，都不能给你答案。所以呢，这个答案要等你长大了自己去找到，你一定要抱牢这个问题，抱着它去找答案。你抱牢了没有？

小树叫起来：问题被我搞丢了！

什么！我大叫起来，问题呢？问题呢？你把问题搞丢了，那答案怎么办？每个问题都有答案，每个答案都在等问题。就像每双鞋子都在等一双脚，每双脚都要穿鞋子。你把鞋子搞丢了，还是把脚搞没了？

哈哈哈哈哈，小树大笑起来：妈妈，你太搞笑了！！！

我语气沉重，唉，我真的觉得很遗憾，没有问题了，答案可怎么办？

哈哈哈哈哈，妈妈，脚没有鞋子穿了，鞋子找不到脚了！

欢声笑语间，体育馆到了，车子稳稳地停下，小树切换进新的画面，背着水壶，蹦蹦跳跳去上篮球课了！

2023 年 5 月 5 日

跳跳球不见了

　　小树上篮球课，每次结束教练都会给孩子们发礼物，常常是两颗彩色的小石子。前天晚上篮球课上有投篮训练，她拿到了全场最高分，下课时教练奖励她一个跳跳球！小丫头如获至宝，满满的成就感！

　　那天，她做纸工，做了一个小狗收纳盒，跳跳球就装进收纳盒，她双手捧着，我们一起穿过体育广场，走过马路，回到车上。

　　开车回到小区，我将车停在充电桩旁，下了车，夜色已深，小区的路灯没有开，四周环顾都黑黢黢的，雨后的地面有反光，我们娘儿俩都有些累了，默默穿过小区，打开楼道门往上走。

　　楼道上有路灯。小树突然叫起来：妈妈，我的跳跳球不见了！

　　啊，跳跳球不见了！它从收纳盒里漏出来了吗？那怎么办？妈妈陪你回去找一找吗？

　　小树噔噔噔从楼梯上跑下来，给我看她空空的收纳盒。

　　我们扭头回到路上，我打开手机上的手电筒功能，陪她沿原路返回，一路找到车上，小树钻进车里，趴下身子找了一圈未果，又下车察看车底还是没有。

　　车子停的地方是一道长长的斜坡，小树开动脑筋，说：妈妈，跳跳球会不会滚下去了呢？

　　我说：会哦，我们走下去找找看吧！

145

找到斜坡的尽头，小树说：妈妈，跳跳球会不会转个弯往里面滚了呢？

我说：会哦，我们想一下跳跳球会滚到哪里去，我们继续往前找吧！

小树领着我出了小区，头脑里的那颗跳跳球已经滚到了瓯江边的步道上，跳跳球继续滚，滚到了路边的灌木丛，撞到了树又弹到了对面的草丛，小树还在幽微的照明下认认真真找着跳跳球，我也一直很有耐心陪着她找。虽然我知道跳跳球绝不可能出现在瓯江边的步道上，但我知道我陪着孩子不是为了帮她找回跳跳球，而是陪着她把焦虑、失落的情绪走完。

绕了好大一圈，重新回到楼道口，小树捧着空空的收纳盒，但情绪明显好多了！我说：很遗憾呢！这么好的跳跳球不知道掉哪里去了！如果它不能陪小树，哪个幸运的小朋友捡到它，就能收获一个大大的惊喜呢！这个惊喜是谁给的呢？如果不是小树，那又是谁呢？

小树没有说什么，她已经接受了失去跳跳球的事实，开始跟我讲其他事情。回到家里，红猪在楼上叫她去看露天电影，她蹦蹦跳跳就跑到阳台上去了。跳跳球不见了，这件事情也在小树的心里翻篇了！

2023 年 5 月 7 日

碗里的教育

晚餐烧年糕，里面放了一棵生菜，小树说她不吃生菜。我说这是你需要吃的，里面有你需要的营养。

后来发现小树一直没有把年糕吃完，我催促她快点吃，她张开嘴，生菜还含在嘴里。

这个时候怎么办呢？骂她肯定是下下之策。

我说：来，咱们来认识一下生菜，生是生活的生，生意的生……

小树接话了：生日的生！

我欢喜回答：没错！你真聪明！菜是青菜的菜，菠菜的菜，都是你爱吃的菜！现在生菜你也熟悉了，你可以好好品尝了！

小树咀嚼几下，就把生菜咽下去了，接下来吃得飞快，一碗年糕很快吃完了！

生菜家里烧得次数不多，小树很少吃，所以不吃。对于不熟悉的事物，人出于自我保护会本能拒绝。我所做的，就是去帮助小树与生菜之间建立连接。她加深了对生菜的了解，自然就愿意吃了！

卡在生菜里，学习也在生菜里。卡顿的地方正是需要学习的地方啊！

2023 年 6 月 25 日

100 是单数还是双数

【晨起】

妈妈，100 是单数还是双数？

你觉得呢？

我不知道。

这个"不知道"是不确定的意思吧！你说说看你的答案。

是单数。

为什么是单数呢？

我不知道。

这个"不知道"还是不确定的意思吧！你可以继续说说你的思考过程。

小树不说话了!

【车上】

小树,100 是单数还是双数?

是单数。

为什么是单数呢? 1、3、5、7、9 是单数,2、4、6、8、10 是双数。你觉得 100 与 1、3、5、7、9 有关,还是与 2、4、6、8、10 有关?

与 2、4、6、8、10 有关。

2、4、6、8、10 是双数,那你说 100 是单数还是双数?

是双数!

对了,小树很聪明,会用排除法了! 这里排除法的意思是答案在两个选择里面,如果不是单数那就是双数,如果是双数就不是单数。

【校门口】

小树,100 是单数还是双数?

是双数。

为什么是双数?

因为它不是单数,所以就是双数。

2023 年 7 月 24 日

带着孩子做家务是滋养生命的教育

台风天,带着孩子们宅在家里。临近中午,招呼小树准备午餐。她分到的工作是剪毛豆。

我先做了示范,告诉她要剪头去尾,瘪的与烂的都不要。她一开始标

148

准不够清晰，一次次来问我——毛豆瘪到怎样的程度不能要呢？

我让她剥开来看看，告诉她你也可以犯错，在犯错中去积累经验。

她就站在水槽前认认真真剪了起来。

我离开厨房去窗边工作的时候她跑过来问：妈妈，我剪完了，我可以洗毛豆吗？

我说好的。她一阵风似的跑去厨房了！

我知道每个人都能用双手去创造和工作，用心灵去感受和整合。有很多方法和途径可以让我们孩子的这些能力得到发展。而全身心做好一些家务事，可以是最简单不过的成长途径。

南怀瑾先生就曾说"洒扫、应对、进退"六个字，是古人的教育，包括生活的教育，人格的教育，是中国文化三千年来一贯的传统。

作为母亲，从事家庭教育的我深刻领悟到这个智慧。劳动教育写进了《家庭教育促进法》，做家务可以是孩子们人生的第一堂课。

2023 年 7 月 28 日

小树的早餐

一大早起来问小树，早餐吃什么？

面条不吃，年糕不吃，169 不吃，麦片不吃，要吃吐司配牛奶！

家里没吐司了，怎么让她享受早餐呢？

我指指客厅的一个露营箱，对小树说，我们玩游戏吧！你当顾客，我当服务员，它当西餐桌！

小树马上喜上眉梢，去布置她的西餐厅了！

桌上得有纸巾，拿一包纸巾。

桌上得有植物，拿一盆白掌。

西餐厅得有氛围啊，摆上复古台灯。

我说，不应该铺一块桌布吗？

小树马上跑进房间找来一块草木染棉布，大小刚刚好，完美的餐席！

客人端端正正坐好了，服务员也在厨房忙碌了。不一会儿，一包169全素谷物代餐泡成糊糊，上面放了一颗莲子，装在精致的碗里，恭恭敬敬给客人端过去，对客人说，这是我们店的新品——美味莲子糊，送给您品尝，欢迎给我们提宝贵建议哟！

小树接过去，我一本正经拿出笔和小本本开始记录：

甜度怎么样？温度怎么样？口感怎么样？

对话间，小树大口大口吃着，不一会儿就吃完了！

我又端了一杯水给她，刚起床让她喝水不肯喝，这下全喝完了！

我告诉她我们餐厅有游乐园，可以免费玩。

她两眼发光，问我在哪。

我说在哥哥房间的榻榻米那！

小树马上冲进哥哥房间去玩耍了！

好了，现实中不肯吃早餐的小孩，在游戏中开开心心地吃饱了！

为什么会这样呢？因为游戏是孩子的语言。游戏才是家长与孩子沟通情感的最佳纽带。

2023 年 7 月 29 日

石榴认字

买了一箱软籽石榴。这是小树爱吃的水果。

剥开一个，叫孩子过来，邀请她玩一个"石榴认字"游戏。我拼出文字，她来辨认，认出来就能吃！

就跟游戏通关一样，我拼一个她认一个，从字拼到词语，她很兴奋自己全部都认对了！成就感充盈她的胸膛。

接下去是施展魔法的时刻，我先拼出"一"，一变成了"二"，二又变成"天"，天变出"夫"，夫又变出"未"，对于小树而言，"未"是一个新字，这个认字的过程，像一粒种子先长出根须，最后破土而出，它深深扎根于小树心灵的沃土。

现实生活中，不缺乏教育孩子的机会，关键是父母能否把握教育机会，增长教育智慧，更新教育理念。生活即教育，教育即生活。

2023 年 8 月 13 日

脸红的毛豆

早餐吃陈皮红豆沙，小树不肯吃，磨磨叽叽，十来分钟都没吃下去两口，我只能放大招了！

我坐在小树对面，对她说：小树，你看看这个红豆沙，它的颜色是不是很像你爱吃的巧克力？你再看看红豆，你是不是很爱吃毛豆？红豆与毛豆是不是长得一样？

小树说：可毛豆是绿的，红豆是红的呀！

我说：可不是嘛，毛豆脸红了就变成红豆，你不吃红豆妈妈的脸都绿了，我就变成了毛豆！

小树哈哈大笑起来！

我说你明明吃的是掉到巧克力酱里脸红的毛豆，可偏偏我们要叫它红豆沙！现在你可不要把它端起来一口吃完哦！

小树端起碗来一口就吃完了……

看着目瞪口呆的我，她离开餐桌逃到客厅去了，家里回荡起银铃般的笑声……

2023 年 8 月 24 日

养 儿

爱的能力

小麦第一次知道小树的时候，他大为震惊：啊，这让我怎么跟同学交代我有一个弟弟或妹妹的事实啊？

然后非常紧张：天哪，小树会撕坏我的作业本的！

当我的肚子渐鼓，我跟他说：麦，快来摸摸妈妈的肚子，小树在做环肚旅行呢！

他都不以为然：妈，你是因为吃太多了肚子才变大的！

直到前几天我生"病"了，这个病叫作"五步必丢扎发圈"。

当我到处都找不到扎发圈的时候，我只好在淘宝上找疗愈。

小麦凑过来看我在电脑上淘发圈，店里有卖彩色的小花发夹，2角钱一个。

小麦叫起来：啊，我有钱，我要给小树妹妹买5个！

于是小树有了第一份私人物品：小麦哥哥买的5个小花发夹。

嗯，爱无法被教导，只能被经验。身为母亲，我庆幸自己没有去教育小麦应该如何爱护小树，我只是把焦点放在我如何成为一个"活的教导"。我也没有被孩子的语言限制，当孩子被告知他会拥有一个手足的时候，我们需要给他一个缓冲期，允许孩子有充裕的时间扩展他的心灵版图，容纳下更多的亲人。

当小麦拿出他的储蓄主动给小树买发夹的时候，这一份爱护是从他心底里流淌出来的，而不是靠父母的教导行使出来的。

小麦呈现了他爱的能力。

2017年2月5日

怎么对待老大

昨天下午娘儿俩留在家里。我在书房工作，小麦在楼下的起居室独自玩耍。

我觉得应该和孩子互动一下，让他感受到这个老妈眼里不只有工作，还有他。怎么互动呢？我想了一下，叫着小麦的名字去楼下找他。

看到他后，我对他说：小麦，小树妹妹发了一条心灵密码给我，我翻译了一下，妹妹是这么说的："妈妈，我想和哥哥一起吃蓝莓！"

小麦非常喜欢吃蓝莓，所以当他听到我这么说的时候就咧开嘴笑了！

他去拿了一盒蓝莓，我们娘儿俩一起吃了起来。我又对他说：麦，现在小树妹妹又发了一条心灵密码给我，我翻译了一下，她是说："妈妈，哥哥很喜欢吃蓝莓，让他多吃点，我还很小，我少吃一点就可以了。"

小麦这个时候说了：可是你们有两个人要一起吃呀！

我摸摸小麦的脑袋对他说：妈妈和妹妹看到你这么喜欢吃蓝莓，真是比自己吃还要开心啊！

一盒蓝莓很快就分享完了，我对小麦说：麦，现在妹妹发来的心灵密码是："哥哥可以来书房吗？我想和哥哥在一起。"

一会儿小麦上来了，捧着一本厚厚的书。我在书桌前工作，小麦就坐到了沙发上安安静静地看起书来。房间里只听到我敲击键盘的声音和小麦翻书的声音。窗外春光灿烂，没有长错的新叶，也没有开错的花。

今天早上，我先起床，小麦醒了，坐在床上看一本厚厚的书。吃了早餐，一看时间也不早了，如何打破孩子的状态，让他起床吃早餐呢？

我走到了小麦的床边，很温和地对他说：麦，小树妹妹又发心灵密码给我啦，她说："哥哥昨天晚上做面条给我和妈妈吃，面条真好吃！今天早上我和妈妈要做面条给哥哥吃，哥哥喜欢吃葱面条，放上白胡椒粉，哥哥什么时候吃面条呢？"

小麦仰起脸来很幸福地笑：我看完这一章就起床。

小麦在他自己的书房里看书，我经过的时候，他忽然对我说：妈，我觉得小树妹妹真狡猾啊，她比我小那么多，我都舍不得欺负她了，所以我只好爱护她了！

我微笑着回应说：是哦，小树妹妹很幸运，有一个哥哥会爱护她，她真是好眼光啊，选择了你做她的哥哥。

2017 年 2 月 14 日

提问过招（回答孩子的问题）

听到小麦在跟他爹讲米尔顿·艾瑞克森的故事。他爹估计听蒙了，说了句：你这么聪明，你妈知道吗？

小麦就走到我书房来了。脆生生问我：妈，我这么聪明，你知道吗？

我回应说：咦，你如何评估我知不知道呢？我到底有多知道呢？我知道你的聪明到底是什么吗？我知道与你有什么关系呢？为什么你要知道我是否知道呢？当你知道我知道你的聪明的时候，你的内在会浮现什么画面呢？你知道我是什么时候知道你的聪明的呢？我知道你的聪明对你意味着什么呢……

我像机枪一样还给小麦一连串问题。

小麦落荒而逃。

哼，你娘是大成教练，你想与你娘较量提问，还嫩着呢！

2017 年 4 月 13 日

早起的小麦（习惯）

小麦每天早晨都是 6：00 起来，半个小时的时间他要完成洗漱、做早餐与吃早餐，自从小树出生后又多了一项看妹妹，然后 6：30 准时出门去学校，无论刮风下雨还是寒霜酷暑。

小麦真是个爱学习的好孩子呀！每当看到听到有妈妈们在抱怨自己的孩子赖床时，我都这么想。

但前几天小麦与我有一番对话，无意中娘儿俩闲聊，我夸他上学期间早睡早起是个好习惯。小麦却对我说：其实我一、二年级的时候也会赖床的，我还迟到过几次。直到有一天早上很早，我被窗外不知道什么东西发出很响的声音吵醒了。我那天去学校就特别早，然后我发现一个好处，就是公交车上的人也特别少，我可以坐着去学校！我最烦挤公交了，人都挤扁了！为了不用挤公交，从此以后我就起得很早，慢慢就变成一种习惯了。

看起来，早早到学校是为了好好学习；事实上，早早到学校是为了不用挤公交。

与小麦的一番对话，我终于弄清楚了小麦从不迟到的因果。

而早早到学校这个行为变成习惯之后，小麦拥有了勤奋刻苦的品性。

但这番对话给我的启迪才刚刚开始！

你说你到底有多理解孩子表面行为背后的成因呢？

你说达到一个理想效果需要很多因缘聚合，每一个元素，每一份因缘里都有机会，你有没有全部留意到呢？

2017 年 9 月 17 日

举重若轻

昨天晚上我讲微课，在开课前半小时，小麦突然发烧了，体温升到了 39.2℃。

这个时候怎么办？我用了 10 分钟时间，调了一盆精油水给小麦物理降温，再给他足底贴上足贴，告诉他先躺下休息，妈妈先去讲微课，讲完课再看情况要不要去医院。我拍拍小麦肩膀说：麦，你有十来年没发烧了，这下免疫系统可以痛痛快快工作一下！

红猪抱小树，小麦照顾自己，我心无旁骛地讲微课去了。

讲完微课，红猪说：小麦体温还是很高，我带他去医院看一下。

我是自然疗法推崇者，红猪信任西医，但在这样的情况下，我不会固守自己的信条，我无条件地同意他的决定。

于是小树交给我，他带着小麦去了医院。

半夜里父子俩回来了。验了血，说是有点感染。开了一些药。

小树还挂在我肩膀上睡觉，我也没去细看是什么药，大家各自做睡前洗漱工作，一切如常。

今天不到六点，小树就醒了。我抱着她，端了凉开水去楼上找小麦。

小麦还在睡觉，我摸摸他额头，温度还有点高。

八点多，将小树交给红猪，煮了一小碗清淡的面条给小麦吃。

小麦精神很好，他甚至有点儿小骄傲：妈，我觉得好多了，我昨晚退烧药也没有吃！

前几天与小麦一起探讨《道德经》，小麦问我：妈，什么是"反者，道之动"？

我对小麦说：妈妈今年生了小树，照顾小树要花很多时间，如果今年不出书了，是不是也很正常？

小麦说：嗯。

我说：那今年妈妈准备出两本书，比往年还多出一本。这是不是不同寻常？

小麦说：嗯。

我说：这就是"反者，道之动"。反向思考、反向行动，才会超越平凡啊！

孩子生病的时候，大多数的家长会放下一切，一心一意照顾孩子。这是身为父母以为最好的爱的样子。

——宝贝，你是最重要的，我的眼里只有你，我很关心你的健康。

事实上呢，这种无微不至的照顾，把孩子放到了弱者的位置，他的自愈力被抑制了。那些平时缺少父母关爱的小朋友会很喜欢生病，因为父母平时太忙，经常忽视他们，但一生病，父母会请假陪在旁边，关怀备至，无条件满足，生病真好，我要一直生病！

有一个成语叫作"举重若轻"，孩子生病了，你一如往常、不慌不忙很淡然，这是轻。当你这么做的时候，孩子从中学会了与疾病相处，完整经历个中滋味，不因生病而恐惧，却因生病而成长，这增加了他心灵的重量，这是重。

这样的"举重若轻"，也是"反者，道之动"。

2017 年 11 月 3 日

无明无相的他与我

昨天中午，一家人去酒店吃自助餐。

推开酒店大门的时候，小麦对我说：妈，我们班上很多同学在玩王者荣耀，他们问我为什么不玩？我说要花父母的钱来玩游戏，我的良心不安的。

等到了酒店坐下来吃饭的时候，我对小麦说：麦，刚才在路上，你对妈妈说你不玩王者荣耀是不想花爸爸妈妈的钱，你很珍惜爸妈创造的财富，会从一个家庭的角度考虑自己的行为是否妥当，妈妈很欣慰。现在妈妈给你另外一个角度供你参考：一个人的时间精力如果投入于玩游戏，就没有办法做其他事情，因为你不玩游戏，所以你就可以去做一些其他的事情，比如去探索宇宙里的一些奥秘，利用你热爱的数学推演出世界的真相等，你会有更多的时间来实现你的梦想，为世界和平做出贡献……

小麦聚精会神听着，那时的他正在吃一条小黄鱼吃到一半，听到这里，他低下头，找到他的作业本，飞快地做了起来！

昨天晚上，小树睡了，红猪在阳台上种花，小麦做完了作业，我洗完澡，我叫小麦过来与我聊天。

我向他请教什么是全息。

小麦娓娓道来，全息是以空气为屏幕成像的，它是以能量驱动的……

话题就这么延展开来，我们接着聊了聊自主意识，小麦说我们都在活想法，只有像小树这么大的小婴儿是在活感受。当外在有刺激时，小婴儿是直接反应的，而人一旦有了思想，就要先通过思想，再做出选择，然后再做出反应。而人的思想，是受外界的影响建立的，所以人都是他人化的。

小麦说现在我们两个人在聊天，我们都不是真正的自己在聊天。其实你不是我妈，我也不是你儿子。我既不是小麦，也不是邱念楚，也不是小学生，我也不是人，也不是什么个体生命……

小麦滔滔不绝说着，我无比赞叹地看着眼前这个小男孩，这些我花了很多年明白的人生真相，他居然张口就来！

我说：那现在让两个真正的我交流一下吧！

小麦立即停止说话，房间里瞬间安静下来，空气仿佛凝固了，小麦目光炯炯看着我，过了一会儿，他对我说："妈，刚才我们交流了大约十秒钟。"

那个无明无相的他与我重新回到两具肉身，我们又聊了聊生与死，小麦说生与死是两种不同的状态。我们又聊了聊圣人，小麦说圣人不是没有念，而是没有杂念。当我问小麦我们依他人的反应建立了自主意识，那他人的他人的他人，一直到尽头，又是谁创造了他人？

小麦说是造物主。造物主的初心就是让我们在自己创造出来的想法里活得有趣一点。

时间不知不觉流逝，一个多小时过去了，夜已经深了。我们也从客厅一直聊到小树旁边。我又问小麦：你讲的这些你是从哪里知道的？小麦告诉我：百分之百下载的。妈，你问了我这些问题，我就有机会将这些知识梳理一遍。

我困倦地向小麦道晚安，我们约定周末继续交流。

小麦捉起小树的手亲了亲，又倒下来在小树旁边躺了躺。这样的交流让他看起来很舒畅。他的母亲能带领他离开课本，离开小学生的思维框架，去经验一番身为一个无限丰沛的存在时的喜悦。

是的，不管你的境遇看起来如何，不管你的身份是什么，所有人在生命本质上都是关于创造性的表达。

2017 年 11 月 28 日

婴儿星球来的女王让小麦负责任

感恩节那天晚上，我特别忙。红猪回到家，我吩咐他做晚饭。小麦放学了，我叮嘱他照顾小树。我坐在电脑前工作，小麦与小树就在一米开外的床上玩。

突然就听到"咚"的一声，然后是小树哇哇的哭声。一转头，发现小树掉到地板上了！赶紧冲过去，把小树抱到胸前。

小麦说话了：妈，小树动来动去坐不住，所以她就掉下去了！

我看着小麦的眼睛，很认真地对他说：不，这不是事实，你要重新表达一遍，你要说：妈，我疏忽了，没有照顾好妹妹，而小树动来动去坐不住，所以她就掉下去了！

小麦看我认真的样子，神色瞬间变得凝重起来。他重新说了一遍：妈，我疏忽了，没有照顾好妹妹，而小树动来动去坐不住，所以她就掉下去了！

我点点头，回答说：这就是完整的事实，妹妹还小，需要被照顾。你现在的责任是照顾妹妹，爸爸的责任是做饭，妈妈的责任是工作，每个人都负责任，我们家庭就很和谐，如果有一个人不负责任，就会混乱。

吃晚饭的时候，小麦突然说：我们以为小树最小，其实她最大了。我们都要围着她转。我们以为她什么都不懂，其实她心里想着："哈哈，你们这些大人，看我怎么玩你们！"

我回答说：是啊，小树是婴儿星球来的女王啊！

2017 年 12 月 5 日

骂不倒的小麦

晚餐时光。红猪早早吃好抱小树离开厨房。我与小麦慢悠悠地啃着大螃蟹，一边吃一边聊天。

下午想到要开发一个专栏，其中有一节课准备讲"如何培养孩子的人际交往能力"。

在与人交往中，总不会一帆风顺，难免会遇到阻抗，甚至受人辱骂。

这个时候如何跳脱，不受别人的负面看待或负面情绪影响呢？不妨测试一下小麦的反应！

于是我对小麦说：麦，如果你与别人交往的时候，别人骂你，你如何不受对方影响呢？

小麦捉着螃蟹脚，抬起头看我：那你骂骂看！

我冲口而出：我去你妈！

小麦眼睛眨巴眨巴，立即回了一句：你找我妈干吗？她出差了！

我哈哈大笑，又来一句：你有病啊！

小麦咳了几声，回答一句：是啊，我感冒了。

我又一次大笑，大声嚷起来：你个大头鬼！

小麦摇头晃脑：我的脑容量很大的，这都被你发现了！

我笑得不行了！螃蟹都吃不下去了！

小麦吃完了，将碗筷收到水槽，跑到了客厅沙发上。

他朝我勾勾手：来啊，再骂一句！

我大声喊过去：你是垃圾！

他悠悠地回应过来：你怎么跟我妈一样，她都说我是垃圾堆里捡来的。

我又追了一句：你个大笨蛋！

小麦说：你搞错了，我的蛋没那么大的！

天哪，我笑得拍起了桌子！

换框法用得炉火纯青！

这孩子谁生的？谁养的？

这孩子他妈，绝对是实力派的心灵导师！

2017 年 12 月 22 日

小麦系鞋带

小麦的鞋子破了，给他选了双新鞋，蓝色，有鞋带。试鞋的时候，营业员蹲下身去问小麦：会系鞋带吗？

小麦低头摆弄鞋带，回答说：正在学习中。

我笑了，对小麦说：麦，怎么样？搞得定吗？要不要我教你？

小麦笑意吟吟地站起来，鞋带一甩一甩的，他跳着脚，向他爸爸的方向跳过去，一边跳一边嚷嚷：这下只能变成段子手安慰一下自己了！

我在后面追着小麦：麦，段子是什么？

小麦已经蹲在他爹面前系鞋带了。

红猪俯下身，正在循循善诱：用力点，手放下面……别，这样打死结了……

我在一旁哈哈大笑凑热闹。

小麦双手笨拙地摆弄着鞋带，他仰起头冲我笑，说了句：智慧的我就剩不会系鞋带了！

听着他爹说了一遍，一脸蒙。

看着他爹示范一遍，两眼蒙。

自己动手系了一遍，三色蒙。

营业员出现了，教了一种新系法，五脸呆蒙队。

麦妈忍不住出手指导，呆蒙彩虹。

等到小麦给鞋子打好结，十五分钟过去了。

小麦抬起脚，迈开腿，大步走出店门。

总的来说，系鞋带就是：三分天注定，七分靠人品，剩下一百四十分要练习。小麦总结说。

于是，走着走着小麦就低头系鞋带；

回到房间，小麦就坐在地毯上系鞋带；

早晨一睁眼就见小麦在系鞋带。

二十四小时不到，小麦已经是系鞋带的专家了。

2017 年 12 月 30 日

老姜与嫩姜

下午拖儿带女出门，在车上娘儿俩是这么对话的：

麦：妈，你第一个手机是什么牌子？

妈：忘了，或许是摩托罗拉，或许是爱立信。你爸那时才不得了，在二十世纪末居然就有了一个翻盖手机。我一看，哇！富二代呀！于是我就嫁给他了。

麦：原来你拜金啊！

妈：才不是呢，那是一个表象，本质是我知道嫁给他会生一个那么帅气又聪明的你，我才不拜金，我是先知。

麦：你也别拐那么大的弯夸赞我呀！

妈：瞧，我拐那么大的弯夸赞你都被你一眼识穿了，你说你是不是很聪明？

切，臭小子，姜总是老的辣！任你说啥，我都有本事拉升你的能量！

2018 年 1 月 5 日

阅读计划

晚上我对小麦说：麦，新年开始了，我们来实施一个阅读计划好不好？

小麦说：好。

我说：这个规则是这样子的，一个星期看一本书，但这本书不是你选的，而是我选好了你看。你看了之后还要分享。

小麦说：好。

我说：嗯，那就这么决定了。生活不仅仅要勇于去做自己喜欢做的事情，还要勇于承担别人交代做的事情。那我们这周的直播主题就来聊聊这本书吧！

小麦说：好。

我浏览了一下书架，抽出这本《蜜蜂的生活》，对小麦说：麦，这周就读这本吧，你明天放学之后就可以看了，周六还有一整天，周日下午你邀请同学来家里玩，那我们的直播就放到周日晚上，所以，你有两天时间看完这本书，并且在直播的时候分享给大家，好吗？

166

小麦说：好。

这个主意是临时决定的，这本书是临时选的。小麦痛痛快快地同意，是值得我学习的。他完全不挑拣，不推托。后来我们娘儿俩还有一段对话。

我对小麦说：这本《蜜蜂的生活》选得蛮好的，因为你爸有个绰号就是小蜜蜂。

小麦问：我爸知道这个绰号吗？

我说：他不知道。

小麦说：哦，他知道他叫红猪。

我说：红猪其实不是绰号，是网名。你爸有一个绰号他是知道的。

小麦问：是什么？

我说：喔喔啊，我都这么叫他的。

小麦问：窝窝？我爸像窝窝头吗？

我说：不是窝窝头的窝，是大公鸡喔喔叫的喔。

小麦问：为什么是喔喔？

我说：你爸很多时候不像人类，像鸟类，所以我就叫他喔喔！

小麦说：不对，大公鸡是禽类，不是鸟类。

我说：嗯，反正差不多吧！

小麦说：那你也是鸟类。

我说：为啥我也是鸟类？

小麦说：你身份证上的名字里有个"凤"字啊，凤凰是鸟类。

我说：是哦，原来我与你爸都是鸟类。那你是什么鸟？

小麦说：我不是鸟类，我是小麦。

我说：为什么你不是鸟类！

小麦说：为了不被你们啄啊！

2018 年 1 月 15 日

167

区别对待

（一）

傍晚的时候，小麦抱小树，我准备晚餐。

小麦端着小树，从客厅远远地跑过来，他很兴奋地叫：妈，小树在抽香烟。

然后将妹妹的屁股放在餐桌上。

我定睛一看：哟，小树嘴里叼着一根麻花。

我对小麦说：麦，妹妹现在还不能吃麻花，她能吃磨牙饼干，但不能吃麻花，把麻花拿掉！

小麦瞪着大眼睛：为什么？爸爸都给小树吃的。

我很认真地对小麦说：麻花里有添加剂，不要给妹妹吃，拿掉！

小麦拿走麻花，抱着小树回到沙发那里去了！

（二）

过了一会儿，红猪下班了，小树扑到了爸爸怀里。

我还在厨房忙碌：蒸包子、做豆瓣酱炒肉、有炖鱼头，还要炒青菜。

小麦忽然大声叫我：妈，你快看！妈，你过来看一下！

我扭过头去，他使劲用手指着沙发上的那一对父女。

我看到小树津津有味地咬着麻花。

我说：麦，去拿筷子，我们要吃饭了！

（三）

小树需要有人抱，红猪继续抱女儿。餐桌上就一对母子。

小麦喜欢吃鱼，他夹到鱼鳔，问我这是什么，能不能吃。

我说那是鱼泡泡，能吃，还挺有嚼劲。

小麦慢慢咬着鱼鳔，我将包子掰开，豆瓣酱肉夹到包子里咬着吃，真香哪！

我对小麦说：麦，你是不是有点儿疑惑，为什么你给小树吃麻花我不同意，爸爸给小树吃麻花，我却没有去反对他？

小麦说：嗯。

我说：麻花里面有食品添加剂，小树才九个半月，还不适合吃，所以妈妈要告诉你。但为什么不去对爸爸讲呢？你想，爸爸给妹妹吃麻花已经不妥当了，如果我再去要求爸爸，就会引起争执，本来只有一个问题，一去要求别人，就硬生生制造出了一个新问题。

小麦抢话了：那你……

我截住小麦的话头说：你是不是想说"那我为什么来要求你，就不怕与你起争执是吗？"

小麦点点头。

我拍拍他肩膀：妈妈要求你是让你明白照顾妹妹的正确方式，妈妈不要求爸爸是尊重爸爸的养育方式。同一件事情，有不同的标准，背后都是爱，现在妈妈与你分享我的内心世界，我相信你是不会与我起争执的，是不是呢？

小麦将吃了一半的鱼鳔夹到我碗里，对我说：妈，你吃吧，你补充点胶原蛋白。

2018 年 2 月 9 日

169

小麦蒸包子

昨天早上，小树发烧了，我一直抱着她，也顾不上做早饭。

我对小麦说：麦，你去把包子蒸一蒸，我们一起吃。

然后叮嘱他：锅里水放多一点，免得烧干了。（在我家，将冰冻的包子蒸热吃，是在锅里放点水，然后将包子放碗里，碗直接放在水里煮。）

不一会儿，小麦跑过来：妈，水是不是放多了？碗都浮起来了。

我笑了，对他说：嗯，你把水倒掉一些。

过了一会儿，小麦捧着一碗包子进了房间，有点愁眉不展：妈，这些包子被水泡软了，不好吃了。

我说：包子为什么会被水泡呢？

小麦说：是我水放太多了，水烧开的时候跑到碗里去了。

我抓起包子就吃，一边吃一边对小麦说：这种包子倒是难得吃呢，软软的，水分很足，里面还包含了我儿子的爱。

小麦笑眯眯地跑开了。

等到中午，红猪下班回家抱走了小树，我走进厨房，看到小麦早上蒸包子之后的锅碗瓢盆都还摊在那里，我就把小麦叫进了厨房。

我很温柔地对小麦说：麦，早上蒸包子水放太多了，那你现在示范一下，看看放多少水比较合适？

小麦端起沉重的锅，开始调水量。

我说：你把碗放进去看看是否合适？既可以把包子蒸热又避免水烧干。

小麦遵从指示——操作。

最后我问小麦：现在知道蒸包子放多少水了吗？

小麦点点头。

我说：好，现在把灶台清理干净，妈妈准备做午饭。

小麦听话照做。

OK，从不会到会，一个小小的生活技能，小麦妥妥掌握了！

在这幕生活的小场景里，身为父母，可以问一问自己：

让孩子掌握一门技能，有没有清晰地传达具体的操作步骤？如果我们传达的是含糊的指令，孩子就很有可能做出不尽如人意的表现。（如文中我交代小麦水放多点，但具体是多少，我没讲，结果小麦水放多了，包子进水了。）

当孩子的表现不尽如人意时，你有没有责备孩子或者取笑孩子？如果你放不下自己内在的标准，觉得这么简单的事情都搞不定，而一味去责怪孩子或奚落孩子时，打击的可是他的积极性！（文中我的应对方式是欣赏与包容，不嫌弃进水的包子不好吃，反而去肯定里面包含了儿子的爱。）

当孩子的表现不尽如人意时，有没有及时找补呢？（文中的我第一时间做了孩子的教练，让孩子再一次来体验整个过程，陪伴他掌握这份能力。）

最后，我想说：体验是学习最直接的方式。体验是一种意志活动，有大量的动态参与，之中又伴随着情感的产生和情感互动的过程。它是与世界的一种交互过程，通过这样的过程，人逐渐完善了自己。

那个不会蒸包子的小麦到掌握蒸包子这个技能的小麦，经历了不懂与失败，收获了肯定与包容，他的妈妈，陪伴他创造一幅幅温暖又生动的图景，这些图景进入他的意志中，为未来世界储备资粮。

2018 年 2 月 20 日

成长者与星巴克

（一）

下午讲完微课，我与小麦决定出门去砂之船。

麦外婆把钥匙拿给小麦，方便我们进出。小麦却跟拿了烫手山芋似的，把钥匙塞给我保管。

小麦战战兢兢地说：我丢了手机，现在不拿钥匙了，万一钥匙也给我搞丢，麻烦可大了！

我一边穿鞋子，一边对小麦讲：麦，这个逻辑好像不对！因为你曾经弄丢了手机，所以你觉得你还会弄丢钥匙，因为你不想丢钥匙，所以就逃避承担保管钥匙的责任。这样的逻辑里，你是一个逃避者，不是一个成长者。所以要调整一下。

说到这里的时候，娘儿俩已经在门外了，我们一起往电梯走去，我将钥匙放到小麦手里，继续说：因为你曾经丢了手机，更需要学习如何保管物品，所以钥匙交给你保管，你想想看，钥匙放在哪里是绝对安全的？

小麦接过钥匙，放到外套的口袋里，那个口袋有一个翻盖，翻盖上有一个暗扣，小麦扣上了扣子，舒了口气说：放在这里很安全。

我拍拍他的肩膀，对他说：对了，这下你就是一个成长者了。

（二）

娘儿俩在砂之船闲逛。小麦突然说：妈，我们去星巴克吧！

我说：不去，我不想喝咖啡。

小麦说：那去吃个小蛋糕？

我说：那里的小蛋糕也不好吃，我不想去。

讲到这里，我很认真拉住小麦，看着他的眼睛说：麦，我感受到你是一个很孝顺的孩子，因为你觉得妈妈喜欢喝咖啡、吃小蛋糕才叫妈妈去星巴克的对不对？

小麦咧着嘴笑了。

我说：其实我并不是很喜欢喝星巴克的咖啡，因为你爸爸喜欢，我就装作很喜欢的样子。

小麦叫了起来：原来你们这么恩爱啊！

（三）

不能以生命成长和完善为导向的教育，都是伪教育。

父母只有全身心地感受孩子，孩子才可能有生命力。

2018 年 3 月 5 日

考第一的秘密

（一）

小麦回到家，我问他：麦，新学期开始了，班级里有什么有趣的事情发生？

小麦眼珠子乌溜溜转了几圈，说：哦，有一件有趣的事情发生了，我开学考考了年段第一。我又可以拿一等奖学金了！

哈，我就知道你会越来越进入巅峰状态！

小麦说：你为什么会知道？

我得意地回答：你妈是神经语言程序学的导师，我研究人类的神经活动。我知道你是学习的专家！

小麦转了个圈，舒展一下他的身体，背着书包去楼上书房做功课了！

（二）

下午，接到一个陌生的电话。一个初中生的母亲辗转打听到我的联系方式，女儿待在家里，不肯去学校，束手无策的母亲向我求助。

还有一个妈妈带着高中的女儿来我家，也因为孩子厌学请求帮助。

如果我们用心去探查一下，每一个厌学的孩子背后都有一个共同点，这个共同点是什么呢？

（三）

孩子一出生，有生存的需求，如果饿了有奶吃，渴了有水喝，冷暖有人照顾，孩子就自然不用顾虑自己的生存需求，而用心发展其他的能力，在发展能力的过程中，孩子逐渐自立。从需要人照顾的小宝宝，变成能照顾自己、懂得承担责任的人。

当一个小婴儿得不到及时的回应与妥善的照顾，意味着这个小婴儿的父母还无法承担起养育的天职，小婴儿也因为这份缺乏，他的能力发展滞后了或者挫折不断，也造就了本应照顾自己时不知怎么爱惜自己，本应好好学习时心思散乱。

（四）

小麦只是承担了身为学生刻苦学习的责任，当他担起这个责任，就自然会产生好成绩的结果。也并不是小麦的妈妈是一名 NLP 导师就特别会教育孩子，只是在身心灵领域跋涉那么多年之后，懂得了对当下的生活尽心尽责。再加上一些心理学的技巧让我的支持力变得更有效而已。

厌学是对学习的逃避，不愿负起责任。让孩子对学习有源源不断的热情，改变的点也不是把孩子往辅导班、导师那里送去就好。如果父母依然逃避自己的人生功课，不对自己的生活负起100%的责任，问题依然会持续，或者换一种问题继续。

（五）

生活中发生的事件，何尝不是老天给我们出的试卷。身为父母的我们若每一次考试都高分飘过，何愁我们的孩子考不出好成绩呢？

2018 年 3 月 13 日

三只松鼠

（一）

在天猫上买了一些零食，品牌叫"三只松鼠"。手机上提示快递到了。我在厨房里炒菜，就大声叫小麦，让他去小区门口的超市把包裹取来。

小麦顺从地换上鞋子，噔噔噔跑到楼下去了。

小麦回来的时候，我一边挥舞着锅铲一边问他：麦，包裹是什么？

我眼睛的余光看到小麦捧着包裹看了看，回答我说：妈，是三只松鼠。

什么？

我大叫起来，锅铲都扔掉了：明明是五只松鼠，怎么变成三只松鼠了？怎么回事？还有两只松鼠哪里去了？

小麦狐疑地低头重新看那只纸箱：妈，就是三只松鼠啊！

我生气了，猛烈摇头：不是不是，怎么是三只，明明是五只，一二三四五，上山打老虎，后来打到的不就是五只小松鼠嘛，你给我说清楚，还有两只松鼠跑哪里去了！

小麦乐了，他笑嘻嘻朝我走过来，对我说：妈，还有两只松鼠被我吃了！

我把锅盖焖盖上，转身向小麦张开双臂。一个大男孩来到面前，我捏捏他的脸蛋，对他说：傻儿子，一下子吃两只松鼠小心积食哦！

（二）

生命有三种原型能量：温柔、刚强、顽皮。

我们从母亲那里学会了温柔、向父亲学会了刚强，而顽皮是一种创造性的能量，它可以让僵化刻板的关系变得流动，如果运用在亲子关系上，就给教导注入了生机与活力。就如同上面记录的这个场景，一个包裹可以引发这样的欢乐，孩子就很愿意分担家事，而这么顽皮的母亲，哪个孩子会不喜爱呢？

2018 年 3 月 17 日

无心之过

（一）

早上，红猪去办公室加班了。我们娘儿仨留在家里。

我给精油打包，小树交给小麦照顾。

昨天新到了学步车，小麦把妹妹放到学步车里。小树对于这个巨大的物件还很陌生，怯怯的，站在里面久久不动。

我忙着工作，小麦与小树在客厅里玩耍。过了一会儿，小树突然哇哇大哭起来，然后小麦也大叫起来：妈，小树卡住啦！

我丢下手上的物什跑过去一看，小树把一只手伸到了学步车的圆盘下面，整个身子斜在里面动弹不得。

小树哇哇叫着，小脸上满是泪花。小麦脸色铁青杵在旁边。

我飞快把小树拯救出来，抱在怀里哄她，发现她的小手挥舞，身体是没有受伤的。等把小树安抚好，小麦不见了。

我大叫小麦的名字，楼上传来低沉的回应。我抱着小树走到楼上去，在他书房的角落里，看到了一个把脑袋埋在双腿间的大男孩。

我走进房间，笑眯眯地对小麦说：麦，刚才是不是吓坏了？

小麦头抬起来，大眼睛水汪汪的。

我说：来，站起来，让妈妈抱一下，妹妹身体没有受伤，你的心灵倒是受了刺激了，我知道你很爱妹妹的，刚才这个小小的意外确实是你的责任，但这是无心之过。过来，妈妈抱一抱就疗愈了。

177

小麦的神情放松下来，他站起来，将脸贴到小树的脸上。我拍拍这个男孩的肩膀。小麦伸开双手，把小树高高举起来放在自己的肩膀上。他对我说：妈，小树交给我，你去忙吧！

（二）

人类与机器的区别在于人类会犯错，机器不会。

因为会犯错，人类就有了进步的机会，而机器永远精准地执行指令，从不出错，却也从不发展。除非人类在使用机器的过程中发现可以改善的机会，机器才有了升级换代。

小树由小麦在照顾，小树卡在学步车里了，这是无心之过。如果去批评小麦，不仅于事无补，还打击了小麦照顾妹妹的热情，爱的能量被阻断了。

因为自己做事，而将幼女交托给尚未成年的儿子，女儿出了意外，若这份批评转向自己，批判自己不是一个好母亲，我就创造出了抚养恐惧，这份恐惧很有可能转化成过度保护。

当这样的事情发生时，自己以平和稳定的状态迅速作出反应，不仅抚慰到女儿，也照顾到儿子的情绪，意外就不再是问题，而是每一个人改善的机会。

无心之过，用爱去包容就好。有心犯错，就要去矫正背后的思想矩阵了。

2018 年 3 月 29 日

晚安，我的孩子

如果你不知道怎么跟孩子对话，那么就想想怎么将话说得有趣一些，人们无法拒绝听有趣的话，不是吗？

晚上十点钟上楼，看到小麦在埋头写作业。我凑上去：咦，这字写得跟你的颜值不匹配，写端正点，最起码要对得起你的脸！

小麦抬起头，笑着看我。

妈，你上来干吗？

灭蚊子。我举起一瓶"崖柏纯露"，对小麦说：来，把我儿子的右脸给我。

小麦把脸侧过来对着我：妈，你怎么想到了我被蚊子咬的这件事？

我一边往小麦的脸上喷纯露，一边说：如果我儿子的脸被蚊子咬花了，就会变丑，就会娶不到老婆，就不会生小孩，我就不能做奶奶了，所以为了我以后可以当奶奶，我要把我儿子房间的蚊子灭掉。

放下纯露瓶，我把调好的驱蚊精油滴在窗台的一个史努比毛绒玩具上。小麦转过来问我：妈，你干吗滴在那上面？

我回答说：我派史努比替你守着窗口啊！

小麦一边写字，一边又问我：妈，为什么这次小树生日你没有去我班级上班会课？是因为你太忙了，没有与刘老师商量好时间？

我说：是的，我太忙了，我忙得像只狗似的，我决定要改属相了，我想属狗。

小麦说：羊也是一个很重要的属相，对于失眠的人来说，要数羊才睡得着呢！

我坚定地摇摇头：不，我不想属羊了，我想属狗，我可以跟你换一下，把你的属相给我吧！

小麦笑眯眯地埋下脑袋，继续写字。

我将驱蚊精油洒在房子的各个角落。我问小麦：麦，你十点半之前能写完作业吗？

小麦说：能。

我说：好，那我走了，我要继续干活去了。

走到门口，我转身问小麦：麦，你的手机呢？

小麦从口袋里掏出来。

我说：手机给妈妈保管。我对十三岁男孩管理手机的能力表示怀疑了，你就成全一个中年妇女管教儿子的心吧！

小麦笑嘻嘻地将手机交到我手上，又回去写作业了。

我轻轻地下楼。整个房子静悄悄的，回到楼下的榻榻米窗前开始写作。

十点三十五了，我上楼来到小麦的房间门前，灯已熄，门开着，黑暗中大团的清香扑鼻而至。我轻轻将手机放在门槛上。

晚安，我的孩子。

2018 年 4 月 20 日

吃瓜子可以学习到什么

晚上，红猪把小树交给我，他就上楼去了。

我抱着小树，准备睡觉。

不一会儿，红猪又推门进来，脸色凝重：你儿子吃完饭就去书房了，我以为他会去写作业，现在上去一看倒好，居然在那里吃瓜子！太没责任心了，你说你不好好教，接下去可怎么办？

他把话撂下就走了。

我心里想：哎呀，做你的儿子也太不容易了，连吃瓜子都不被允许啊！

如果没学过心理学，就怼回去了。可俺是心理学的导师了，听得到这

180

一段话的背后是对儿子的爱。

接下来该我出手了，怎么做既让老公感觉到支持，同时也让小麦对自己的行为有一份觉察呢？

我心里有了主意，抱着小树就去了小麦书房。

小麦的身边果然有一盘瓜子壳，这个时候的小麦已经不吃瓜子了，正在认真做一张英文试卷。晚餐的时候他还跟我说这次英语单词测试又是满分呢！

我很严肃地站在小麦面前。他是坐在榻榻米上的，所以他仰望着我。

我重重地叫他一声：小麦！

孩子仰望着我，一脸疑惑：妈，怎么啦？

我问道：你说你是不是准备去参加吃瓜子比赛？

小麦笑了，甜甜地说：是呀！

我一脸认真地说：你准备去哪里比赛？你是代表我们家还是代表国家出征？

小麦笑嘻嘻地说：我不知道。

我说：你现在知道写作业就很好。哎，要不要现在下楼，去妈妈房间和妹妹嗨一下？

小麦问：现在几点啦？

我说：现在八点四十五，你和妹妹玩十五分钟，回来再写作业，完全来得及的！

小麦粲然一笑，一骨碌从榻榻米上站了起来。

娘儿仨轻手轻脚下楼，在楼下的榻榻米房间里玩得不亦乐乎。小麦把小树扛在肩膀上，小树咯咯笑着。小麦又带着小树钻进被子里面，被子下传来兄妹俩哈哈的笑声。

我心满意足地看着这一双儿女。我知道学习是终身行为，但对于一个小学生，在家里的学习并不只有写作业与看书。孩子是天生的学习者，他们是如此敞开，他们一直在进行着惊人的学习。你想象一下吃瓜子，或者你现在就可以开始吃瓜子，当你捏住一粒小小的瓜子，将它放进嘴巴，用你的门牙咬破它，然后你开始咀嚼瓜子，瓜子仁的清香溢满你的口腔，这个时候，你的手又伸向了一粒新的瓜子。这个过程充满了协调之美，产生了优美的节奏，不是吗？

身为父母，不应该做孩子成长的裁判，去裁定他们行为的好坏对错。而应该是一个精微的生命观察者，对孩子成长的细节有一种温暖、有意识且清晰的观察。

头脑是思考非常棒的器官，而爱只会在心里出现。

2018 年 4 月 22 日

孩子做错事，怎么沟通

送朋友上了高铁，回到家投入工作，有好多精油包裹要发呀！

小麦这个时候跳着脚过来了：妈，快点帮我处理一下，脚痒，我要涂精油！

我在房间里走动，这孩子就跳着脚跟着我，跟到客厅的沙发上，我拍拍沙发，对他说：来，坐下来，妈妈给你处理一下。

一个大男孩一屁股坐在我旁边，伸出左腿，小腿肚上一排小红饼。

我拿出崖柏纯露与薰衣草精油给他处理。侧脸看这个孩子，鼻子的毛孔已渐渐变粗，不管你愿不愿意，他正向着青春期的门槛飞奔！

我一边涂抹，一边对小麦说：麦，我正想跟你说个事，现在就咱们娘儿俩，正是交谈的好时机。

小麦眨了眨大眼睛说：妈，你想跟我说什么？

我说：是关于昨天晚上的事，昨天晚上你与妈妈抱着妹妹一起出去外面吃饭，有两个点你需要注意一下，你知道是哪两个点吗？

小麦摇摇头。

我又说：那你知道为什么妈妈昨天没有当面跟你讲，而是现在单独跟你讲吗？

小麦又摇摇头。

我说：昨天有很多客人，我不想在外人面前教训你，因为你也有自尊的。现在妈妈很认真跟你说这件事，是因为这是重要的事，我必须反馈给你。

小麦的脸色一下子变得凝重起来，他呆呆地看着我。

我温柔地说：你回想一下昨天的画面，你觉得在哪些方面你需要改善？

小麦摇摇头。

我慢慢地说：昨天，我们在酒店大堂的时候，你就嚷嚷着要早点回家，因为你想早点回家写作业。后来我们与伯伯、阿姨们一起去吃晚饭，你又吵着要回家，催了好几次。你站在自己的角度，为自己考虑这没有问题。但人不能只考虑自己，还要考虑别人，妈妈在招待朋友，这些朋友对你而言都是长辈，在这样的场合下，你只顾自己，没有考虑别人的感受，是不是呢？

我停顿了一下，看小麦的反应。他的脸色沉了下来，目光定定地看着前面。我又说：还有，伯伯在讲话的时候，你插话。伯伯在讲玄学，你就说"做人要相信科学"。你有你的信条这没问题，但你也要允许别人发表他们的观点。这个世界上有很多人在研究《易经》，在研究风水，存在就有它的价值。你听到了，不是一定要去认同，但你表示反对，就是你的狭隘了。

说到这里，小麦的眼眶红了，他抬起手臂拼命擦眼睛。我轻声说：瞧，现在你是不是有点难过？因为你被妈妈否定了，那你想过没有，当你去否定别人的时候，别人的感受是什么？昨天没人来说你，是大家都很爱护你。但你若对自己的言行举止没有觉察，不分场合，不顾及别人，只顾自己，你就会让别人讨厌。你是一个脑子特别聪明的人，但乱用聪明就变成了笨。

你虚岁已经十三岁了，你又有了妹妹，作为邱家长子，跟着妈妈一起出去见长辈，如果你能为伯伯拉开椅子请他坐下来，能叮嘱阿姨多吃点青田菜，能抱好小树让妈妈与朋友们多一些交流，这才显示了你的修养与智慧，你说是不是呢？

小麦的眼珠子重新开始转动。我拍拍他的腿，温柔地说：现在该你做总结了，你说说看，从妈妈给你的反馈里学习到什么？

小麦闷声闷气地说：不要乱说话。

我鼓励他：还有呢？

小麦说：不要随便出门。

我说：如果一收反馈就变得不出门、不说话，那就到了另一个极端。如果昨天出门之前你先问我什么时候回来，你告诉我需要早点回家写作业，那妈妈就会评估是否带上你。所以发生什么事情，首先要想的是自己从中要承担什么责任，以后如何更好地负起责任，而不是一刀切，因为做错过就再也不做。这些话，你收到没有？

小麦看着我，不说话。

我认真看着他的眼睛说：如果妈妈跟你说的话，你都收到心里去了就说"收到"。如果没听明白，那就说"没有收到"，那妈妈就再讲一遍。

小麦嘴角咧开了，清晰地说了两个字：收到。

我点点头，拍拍他的肩膀。

小麦指着茶几上的一个油桃说：妈，这个桃子我们怎么分？

我说：小时候呢，你咬一头，妈妈咬另一头，我们一起咬到中间，就亲一下。现在这个游戏已经不适合我们母子玩了，所以就你咬一口，我咬一口把它吃了吧！

小麦笑眯眯地咬了一口油桃，然后递给了我。

2018 年 4 月 25 日

爱在寻常对话里

（一）

吃晚餐的时候，我对小麦说：麦，你差点就没妈了！

小麦猛地抬头看我。

我说：下午我带小树去楼下花园，我让小树拍手，她就拍手，天呐，她居然听懂我的话了，我就被她萌化了，我费了洪荒之力才把自己变回来！

小麦笑了。低头继续吃饭。

（二）

小麦放学了，娘儿仨一起坐在榻榻米上玩。

我对小麦说：麦，刚才我差点哭了！

小麦抬头看我。

我说：刚才快递员叔叔来收包裹，他走的时候朝我挥挥手说"再见"，这时小树居然也抬起了手，天哪，我并没有给她指令，是她自己主动跟别人告别，我太感动了，感动得差点哭了！

小麦笑了，对我说：妈，你淡定点，小树昨天叫我"嘎嘎"，我都很平静。

（三）

今天我关注的某个公众号推送的头条文章，题目是《13 岁女儿以自杀逼母亲堕胎：关于生二胎，你想清楚了吗？》，我也经常收到很多妈妈的咨询，是关于生下二胎之后的种种烦恼。

如果老大因为有了弟弟或妹妹，性格变差、学习退步。表象上是因为生下二宝之后，对大宝的关注少了，所以大宝才会变成这样。但根本的原因，是大宝从父母身上得到的爱非常少，弟弟妹妹就变成了竞争对手，让他更加得不到爱。

所以一对成年男女，若没有爱的能力，不管生几个娃，养出来都是匮乏的娃。

（四）

小麦已经十三岁了，这个年龄段他需要更多的独立，所以不用无微不至地去照顾他，早上与邻居聊天，我才得知今天他期中考试，小麦没跟我来讲，我也毫不关心。但我会与他分享小树成长的细节，让他知道妹妹成长的变化妈妈都看见了，妈妈很喜悦与骄傲。他的神经系统会自动制造出意义：我的一路成长妈妈也是这么关注的。

在任何关系里的表达,指向自己都是OK的。但如果你尝试去改造对方，去影响对方，那是荒唐的。当你分享你自己，才会变得对别人有益。

与小麦这样的对话，是我在这个阶段爱他的方式。

2018 年 5 月 9 日

我不签字

（一）

小麦拿了一张皱巴巴的练习卷让我签字，我看了下，问小麦说：你是怎么把它搞得这么皱的？

小麦笑嘻嘻地说：不是我搞皱的，是我的同桌！

我说：到底是怎么回事？

小麦说：我把同桌的卷子折起来了，她就把我的弄成这样了！

我摇摇头对小麦说：这个字我不签！

小麦大眼睛眨巴眨巴：妈，你为什么不签？我已经读好卷子了。

我说：这个卷子全部都是皱纹，我不签，你让奶奶去签！

小麦看我很认真的样子，情绪也低沉下来，嘟囔着说：不能让奶奶签！

我看了他一眼，对他说：这个卷子这么皱，我不签字！

小麦的头低了下去，他用手摩挲着那张卷子，小声说：如果我现在用电熨斗熨一下，卷子就会被我熨坏了！

我对小麦说：一张卷子也是值得珍惜的，如果你在一张卷子上随性所为，就像蚂蚁在大堤上咬了一个洞。千里之堤，后面一句是什么？

小麦脸红了，他低头不语。

（二）

房间里安静下来，小麦断然没有料到他的母亲会在卷子上拒绝签字，我想他以后待物会多一份觉思。

后来，我们在厨房里一起吃杧果与枇杷，聊到小树的时候，小麦眉飞色舞。

睡觉前，我问他那张卷子上的字签了没有？他答：没有。

我说你把卷子拿过来吧，妈妈来签字。

小麦兴高采烈地拎着书包跟我进了房间，他在床上打了个滚，打开书包将卷子与笔托到我面前。我写下我的大名，小麦抱起小树，兄妹俩在床上高高兴兴玩了起来！

（三）

孩子与同学之间嬉闹，将一张练习卷揉成一团，在很多人眼里，这不是什么大不了的事情。如果在这里没有给孩子拦截住，让他有机会来检视自己的举止，在这一件事情上他就没有成长。

很多时候，我会给小麦足够的宽容，给他很大的空间。但在这样的时刻，我会认真对待，给他的心灵做微小的调校。

那么，何时给予宽容，何时给予调校呢？这真是个好问题，你的答案是什么呢？

2018 年 5 月 20 日

寻常生活中的思考教育

前几天，小麦跟我讲他与他的老铁绝交了。

老铁是他的一个同学，在小麦的心里，老铁是他最好的朋友。那天，他跟我讲了老铁跟他绝交的经过，听起来是老铁单方面的决定。小麦无奈地接受了。

听的时候，我嗯嗯哦哦，并没有多想。

但当我与小麦坐在沙发上，他正盯着电视屏幕看电影的时候，我忽然想到了他跟我讲过的这件事。

于是我对小麦说：小麦，你觉得有没有必要去提醒一下你的老铁？

小麦大为疑惑地转头看我：什么？

我说：你前几天说到你的老铁跟你断交，他不仅跟你断交，他是跟一批同学断交，他还骂了同学们。我想他并没有意识到这样子是不妥的，作为你最好的朋友，我觉得你应该去提醒他一下。

小麦说：他现在都不理我了，我怎么跟他说？

我说：他不理你，你可以写字条给他，你想，当他对你不友好，你一下子就接收到了，但他自己并没有意识，他对自己的做法没有思考。一个人总是容易辨识出自己处在一个受害的位置，但对于自己是不是一个加害者，常常是不觉察的。这就是为什么一个好人也会做一些伤害别人的事。如果他真的是你的好朋友，那他要的不是断交，而是真诚的提醒。

小麦喃喃说了一句：那我该如何提醒他呢？然后，他陷入了沉思。

我没有再说话。我不再给他出主意、给建议。这是非常珍贵的思考的时刻，思考这件事情的深层意义，思考如何调动资源去支持小伙伴。

我也不会再去追踪这件事，除非小麦主动与我提及。

这样的一场母子对话，是在孩子的心里种下了一颗种子。一颗"先思考、再行动"的种子。

2018 年 5 月 29 日

偷鸡不成蚀把米

吃完饭，小麦在楼上写作业，红猪陪着小树在客厅沙发上。我突然就空闲下来，百无聊赖，决定上楼去撩一下儿子。

我冲上楼去，看到书桌前一个专注写作业的白衣少年。

我一屁股坐在书房的门槛上，对小麦喊：麦，有件事情我实在忍不住了，你都长这么大了，我必须告诉你了！你爸一直都瞒着你不说，但今天我真的必须说了！

小麦从书本中抬起头来，很好奇地问我：妈，什么事？

我对小麦说：是你小时候的事情，十二年前，你爸抱着你等车，人家都笑话你长得难看，你爸都要哭了。这个时候有一个卖香蕉的老大爷拍拍你爸的肩膀说：大兄弟别哭了，拿个香蕉给猴子吃吧！真可怜，饿得都没毛了！

小麦跳了起来，跳到我面前，一本正经地说：我曾经非常同情我爸，怎么娶了你这么一个老婆。直到有一天我明白了我爸根本不值得同情。是的，我爸一定是上辈子造了太多孽，我干吗同情他呀！

然后那个少年拿眼睛瞥我一眼，重新回到书桌前写作业去了。留下我坐在门槛上花枝乱颤。

2018 年 6 月 24 日

小麦是个神奇的物种

（一）

在景区的一个小店买一把蒲扇，老板说十五块，我说便宜点，十块。

小麦说话了：妈，你不要还价好不好，你一还价两个人都不开心了。你会觉得是老板卖你贵，老板会觉得是你不相信她。

老板笑了，马上说：我没有不开心，可以便宜点的，便宜两块，十三块。

（二）

妈，小树打我，我已经不爱她了。

好的，那你现在假装爱一下，你抱妹妹，妈妈要洗碗。

妈，小树又打我，我假装爱也爱不起来了。

好的，那你就当她是别人的妹妹，你抱一下，妈妈要把这些衣服叠一下。

妈，小树又欺负我，我再也不抱她了。

好的，不抱她，你牵着她的手在房间里到处走走，妈妈工作半小时就来接你的班。

（三）

小麦：妈，小时候我爱上了你，现在我又爱上了小树。长大后我又会爱上女朋友，说不定还会换几任，后来我又爱上了妻子，如果生了女儿，我又爱上了我的女儿。我怎么会爱这么多女人？

麦妈：哼，你还爱过你外婆！

小麦：是哦，是外婆把我养大，还亲自教我诸暨话。我现在却全忘了！我怎么觉得我是个渣男？

（四）

将小树交给小麦照顾，我去楼上打了四个包裹，下楼却发现兄妹俩在床上，妹妹在叫，哥哥在哭。

又安抚女儿，又安抚儿子。当我抱着小树拿着一块香蕉牛奶味的沙琪玛去疗愈儿子时，小麦已经从床上爬起来了，他告诉我事情的原委：

妈，刚才小树拿我的手机砸我的太阳穴，我被她砸倒在床上，她还多次在我身上爬来爬去，骚扰我这个良家妇男。

（五）

小麦：妈，我编了一首歌：傻家伙，傻家伙，捡到一个傻家伙，她的名字叫小树，小树是个傻家伙！

麦妈：哇哦，这歌编得好！来，我们一起唱一遍：傻家伙，傻家伙，捡到一个傻家伙，她的名字叫小树，小树是个傻家伙！现在我来换个台词，将傻家伙改成小可爱，预备唱！

娘儿俩齐声歌唱起来：小可爱，小可爱，捡到一个小可爱，她的名字叫小树，小树是个小可爱！

（六）

麦妈：小麦，你和妈妈、妹妹一起去上海吗？我们二十号出发，去了上海还可以再去南京，看外婆和姨妈。

小麦：不，我不去。去了也是抱小树。

麦妈：不仅仅是抱小树啊，你还可以上 NLP 课程呢！

小麦：不，本质还是抱小树。

麦妈：是啊，抱小树就是你的命啊，你就认命了吧！

小麦：不，我要改变自己的命运！

麦妈：很多人想抱小树还没机会呢！

小麦：可是你知道让一个没有 neinei 的男孩去照顾一个还没断奶的小女孩是一件多么艰难的事吗？

（七）

小麦与小树在沙发上玩，我坐在楼梯边的地板上择菜。

小麦突然大叫起来：妈，妹妹拉屎啦！

我很淡定地问他：哦，知道了，你观察一下，妹妹拉好了就对我讲，我等下把她抱到楼上洗衣房洗澡。

过了一会儿，小麦又叫了起来：妈，妹妹拉好啦，我这里已经屎香四溢啦！

（八）

因为小麦要看护妹妹，所以写作业就趴在茶几上。小树看见哥哥的笔，就很敏捷地抓过来咬。

晚上我要做笔记找不到笔，走到茶几旁抓起笔对小麦讲：你的笔借我用一下哦！

小麦很无奈地说：为什么我家里全部女生都要用我的笔！

（九）

夜深了，小麦拿着换洗衣服从楼上下来准备洗澡，我看到他后充满感情地叫了一声：儿子！

小麦眼睛忽闪忽闪地问我：干吗？

我说：没什么，撩一下。

小麦冲我走过来：你不可以随随便便就这么撩一个少男！

我回答说：我撩怎么啦？谁让你出现在这个家里！

小麦说：有钱难道就可以为所欲为吗？

我说：我就为所欲为，我就为所欲为怎么啦？

小麦说：中超联曾经开价2亿欧元希望C罗加盟，尤文图斯那边说其实3000万欧元就已经足够了，但C罗说中国的足球太烂了，给我再多的钱我也不加入。

我哈哈哈仰天大笑，决定放过这个少男。

（十）

妈，老爸很厉害，老爸从不犯错！

有一次，我和老爸用小推车推着小树出门，我推着小树不小心撞到他的脚，他骂我说：你走路都不长眼睛吗？

后来他推小树，我在前面走，他不小心撞到了我，他又骂我说：你走路都不长眼睛吗？

瞧，老爸多么厉害，他从不犯错！

（十一）

我对小麦说：小麦，妈妈给妹妹换尿包，你去拿一个新尿包来，然后把换下来这个丢到垃圾桶去。

我对小树说：小树啊，你哥待你多好啊，抱了你一下午，睡觉都把你抱在怀里，你的臭尿包也都是哥哥去丢掉的，真的是做牛做马照顾你。

小麦对我说：不，我不是做牛做马，我是做狗。

小麦对小树说：小树啊，如果不是因为你，我一定是属龙的，我可是专门为了你属狗的。

如果不是因为你，我都不来这个家，我是因为你，才比你早到十一年等在这里的。

（十二）

妈，小树从婴儿星球来到我们地球，可她还那么年轻。所以她的飞船行驶速度一定很快，说不定是超光速的。

（十三）

小麦报了游泳班，下课后见到他，我就问：麦，游泳学得怎么样了？

小麦答：游泳池的水还比较好喝。

我损他：你知道游泳池里含多少尿液吗？

小麦笑眯眯地回了一句：你知道空气中有多少屁味吗？

我屏住呼吸，三分钟都说不出一句话来！

（十四）

傍晚，一家四口从城里回来，红猪抱着小树在楼下吹晚风，我与小麦先上楼。

我在厨房忙活，看到没垃圾袋了，进房间去取。

推门一看，小麦同学端坐在榻榻米上刷手机。

没等我说话，小麦先说了：妈，我在吃精神食粮。

（十五）

晚餐桌上。

小麦对我说：妈，小米盒子把《黑暗骑士》归结为恐怖片，它明明是一部英雄史诗。

我问他：哦，那这部电影最打动你的是什么？

小麦说：它没打我啊！

我只好换台词说：那它最触动你的是什么？

小麦说：它也没触碰到我啊！

气得我伸出手掐住了他的胳膊。

小麦装作可怜巴巴地对着我说：你怎么狠心对着一个年轻的、可怜的、无助的杠精下毒手呢？

好吧，我松开了手。

（十六）

小麦，阳台上怎么有这么多蚂蚁，你处理一下，等下妹妹进进出出会踩到的！

妈，我调查过了，蚂蚁放开生二胎了！

（十七）

我蹑手蹑脚地走到小麦身边，俯下身，压低声音，神秘兮兮地对小麦说：麦，告诉你一个秘密……

他很好奇地抬头问我：啥？

我的声音更低了，悄悄对他说：你的妹妹小树今天又比昨天可爱一点了！

小麦若无其事地回答我一句：这是一个公开的秘密。

（十八）

半夜，我从冰箱里找出一份意大利面，招呼小麦一起吃。一边准备一边嘀咕：唉，我们家很明显分成两派了，我和你是母子连心，你爸和你妹是父女联盟。

小麦说：我们家是在践行中国特色的社会主义道路啊！

啥？

小麦答："一国两制"啊！

2018 年 10 月 23 日

及时关上车门等于拯救全人类

带着俩孩子打车回家，下车的时候，我抱着小树，关车门就很迟缓。与小麦一起上楼梯的时候，他对我说：

妈，你想象一下，因为你关车门迟了两秒，所以那个司机开到马路上的时候，就被一个红灯拦住了，而有一位孕妇要生小孩了，但因为她骨盆太小，需要去医院剖宫产。这个司机是离她最近的那一台车，因为等红灯延缓了时间，最后那个孕妇将孩子生在了车上，那个孩子情况危急，最后没有活下来。

而那个孩子如果有机会活下来，他是一个天文爱好者，是他观测到了外星人要入侵地球，所以就避免了一场星球大战，拯救了地球，拯救了全人类。但因为他没有活下来，所以，地球被外星人入侵了，整颗星球的命运变得极其悲惨。

我都听得入迷了，我就继续问他：那后来呢？

小麦说：后来人类就灭亡了呀！所以，亲爱的妈妈，以后记得要及时关上车门啊！

2018 年 12 月 1 日

奔跑的母子

作为母亲，觉察、发现的敏锐度有多高，孩子成长的空间就有多大！

去路

一大早起来，我对小麦说：麦，你带妈妈去跑步吧！

娘儿俩换上了运动装束，下六楼，穿过楼下林荫小径，向防洪堤走去。

一路上，娘儿俩聊了聊如何学习英语，讨论了英式发音与美式发音。

小麦说他通过游戏学到了不少英语单词，我建议他去看美剧或英剧，或者听 TED 演讲，训练听力与口语。

到了瓯江大桥下，我对小麦说：麦，开始跑吧！

话音刚落，他一个箭步就冲了出去！

我也奔跑起来！

江面上闪耀的光像鱼的鳞片，一条江像一条大鱼向前游去。

我把注意力放在脚的移动上：提起—前移—落下，提起—前移—落下。

小麦跑一段就停下来，坐在路边的花坛边沿上，等我跑近了再一次出发。

我一口气跑到了太鹤大桥下，他早已坐在那里等我了。

母子俩都满头大汗。

我对小麦说：麦，我跟你分享一下跑步不累的秘密！

小麦哦了一声。

我说：你跑步的时候，把注意力放在脚的移动上，提起来，向前移，落下去，这样跑步是不累的。

小麦说：这是唯心主义，跑久了当然会累的！

我说：跑久了当然会累，但你不会被累带走，比如你跑得脚酸了，就只是观照这个酸，而不去附加"脚酸了好累"这样的意义。

小麦说：那我上次抱小树摔了一跤，流血了，我当然觉得痛了！

我说：痛是身体的感受，但如果因为痛，觉得自己很倒霉，把自己放到一个受害者的位置，那不仅是身体痛，心也受苦了。妈妈跟你分享的方法，并不是避免你的身体不会累，而是你的心不会苦。现在你试一试一口气跑到起点，体验一下这个感觉吧！

归途

我们再一次跑了起来，这次小麦放慢了速度，他一直向前跑着，但还是比我快多了。

人与人之间是会互相影响的，我也不由得加快了速度。

接近起点时，我留意到小麦变成了快走，我想大声喊：小麦，跑起来！

但话还没说出口，我就觉察到自己想去要求他的念头，于是我不喊了，只管自己跑。

小麦可能听到了我的脚步声逼近，他又跑了起来！

到了瓯江大桥下，我们坐在桥底下吹着凉风休息。

我拍拍他的肩膀，对他说：小麦，你跑过去的时候，妈妈看到了你的速度；跑回来的时候，妈妈看到了你的耐力！

小麦说：我发现自己持续跑会肠痉挛，跑一下停一下就不会。

我说：那你发现了自己跑步的节奏。这也是很好的。

我们站了起来，一边说话一边走路回家。

走过一条栀子花树的小径，小麦说起一个同学的手机被她妈妈砸了。

我说她妈妈砸她手机，是因为在她身上没有看到因为玩手机而促进了学习。爸爸妈妈没有砸你手机，是因为看到了你并不会因为玩手机而影响学习，反而让你学到更多知识。所以一个人如何被对待，也都是这个人自己创造出来的。

就这么轻轻淡淡说着话，太阳已经升得很高了，阳光顺着小径两旁的树叶缝隙细细碎碎地筛下来，很快就走到楼底下了。

母子俩轻快奔跑上楼。

2019 年 11 月 17 日

小麦老师

小麦当上家教老师了，开始辅导一位六年级的弟弟，每周一节课，陪伴弟弟小学毕业。

昨天上第一节课，学生带了两张试卷过来。

小麦老师检查作业的时候，我留意到他是这么与学生沟通的：

嗯，你做得挺不错的嘛，像这道题是很烧脑的，我六年级的时候做这道题都做得很吃力，但你把它答对了！

嗯，你写的字比我漂亮很多嘛！

嗯，这两道题我的解题思路跟你讲一下，然后你再跟我说说你的思路。

……

我发现他既不否定学生，也不给学生提供答案，还会基于事实给予一些正向反馈。当学生回家之后，在晚餐桌上与我单独聊天时，对学生也是充满赞赏。真是一位很会赋能的老师呢！

我问小麦：第一次教学什么感觉？

他回答说：很轻松啊，就像是家里来了客人。

然后我们谈了谈审题。小麦老师说：审题出错分为两种，一种是看不懂，第二种是看不清。

看不懂是他不理解题目，看不清是粗心，没把题目看清楚就着急去写答案了。第一种就比较麻烦，要去培养他的逻辑力与思维力，第二种让他自己细心一点就可以。

小麦老师又说：学习要好，首先要有很好的逻辑力，其次是思维力，然后是记忆力，阅读力也是很重要的，对于我而言，基本上就是这四种力。

就这样，小麦很自然地发展出了新的身份，能够去教别人学习。我现在的焦点不是跟他去探讨你要怎么把学习搞好，而是跟他探讨如何把他带领的学习部带好，如何教会别人好好学习，这是在培养他慷慨的心智模式：我想要贡献一些东西，作为这个世界利益于我的回馈。

2019 年 12 月 7 日

写作业是你的修行

小树突然生病，昨天中午住进了医院。两口子全身心投入到对小树的照顾上。那小麦怎么办呢？如何让他不觉得被父母忽略，而感受到与父母心的连接？于是，我在病房给他写了一封信。

——题记

亲爱的小麦：

现在病房里只剩下妈妈和妹妹。爸爸很疲倦，去办公室机房休息了，妹妹一边挂针一边也睡着了。妈妈很困，但要守护妹妹，防止她抓坏了头皮上的留置针，所以得保持清醒。我想到了给你写信，与你在纸上聊聊天，既不会睡着，又可以让我心情愉悦。

我很喜欢与你聊天，听你的表达总能开阔我的视野，而与你说话的时候，总是会冒出很多灵感，你的思想丰富又深邃，那么现在我们来聊点什么呢？

这几天，微信朋友圈里关于孩子写作业这个话题聊得如火如荼，那我们就来谈谈写作业吧！

我喜欢想到什么就聊什么，因为初始的意念往往藏有巨大的能量，呈现了心灵对某件事物的最初反应。但我们的大脑擅长分析、判断，往往会抑制它们，我们因而生活在第二手、第三手想法的世界里，我们就是这样远离了自己的心灵。所以回来，我们就来谈谈写作业这件事。

你现在是五年级的小学生了，在你写作业这件事情上，作为你的父母，我和你爸爸基本上只需要负责签名就可以了，因为你一直很自觉、高效且正确地完成作业，对于每一天要写的作业，我想从更高的维度与你聊一聊。

写作业是你的修行。

喜欢就写，不喜欢也写。快乐、痛苦、飓风、下雨都要写，既然你接受了学校教育，不管外界如何，写作业就是你的责任。

写作业的难，每个做学生的都清楚，但有否考虑过因此可以发展出写作业的一系列方法，将它变成你调伏心灵的法门。

写作业的态度，就是你对待学习的态度，也是你对待生活的态度。我们真正需要面对的是那颗难以驯服的心。所以写作业，就是在展现你心灵的历程。

亲爱的麦子，让你的笔在纸上奔跑起来，打开身心去吸纳作业中蕴藏的信息。一个人的聪明成不了事，必须拿出宏愿，你的宏愿并不只是你在努力，它意味着整个宇宙都在背后支持你，是的，当你在作业本上流利地写下每一个字，你是与整个宇宙结盟了！

这就是我想与你分享的关于写作业的看法。这也是妈妈写作、讲课时抱持的观点。

把学习带到书桌以外，把创造带到生活之中，与你一起努力！爱你，亲爱的儿子！

妈妈

2017 年 7 月 25 日

砌砖少年

今天小麦数学考试，我全程监考，考完之后老师发答案上来，家长改试卷。

选择题居然就错了三题！

考前我对他讲你目标考 95 分以上，这下 90 分都怕保不住了！

填空题改完，要晕倒了，难道连 80 分都要失守了吗？

一张卷子改完，我很严肃地让他自己来订正。

小麦订正试卷时，说有一道题的答案是错的，问了下老师还真是答案错了！

然后他把所有的错题都讲了一遍，除了一题确实是考的时候不会做，其余都是因为粗心大意。而不会做的那题看了答案也理解了！

我对小麦讲：小麦，学习好比造房子，每次考试都是砌一块砖，如果你砖的质量不好，到时候就建了一座危房，危房是经不起风雨的。这张试卷你再做一遍，做到 95 分以上，可好？

小麦同意了！

我马上去打印了一份新试卷交给小麦，他埋头开始做题。

小树端了一小碗冰激凌上来给哥哥吃，小麦置之不理，在用心答题。

老母亲守候在一旁，继续监考！

孩子在学习的过程中，身为父母要把心的刻度调细，我们不能替孩子考试，但我们可以做点什么，让孩子更好地为自己的学业负责。

加油，砌砖少年！

2020 年 8 月 8 日

灵魂还没醒

昨天下午，小麦在沙发上睡午觉，我过去摇醒他：喂，今天你去接妹妹放学，妈妈很忙。

到了三点十分，我去沙发上拉他起来：快，该去接妹妹了！

小麦从沙发上爬起来，踢踏踢踏走去卫生间。

我下了楼，走进我的房间，房间里冷气十足，我关上房间继续工作。

四点，阿姨来上班了！

四点半，阿姨推门来问我：今天怎么不去接小树啊？

我大惊：小麦去接小树了呀？

阿姨说：小麦的鞋在门口呀！

我冲到楼上，看到小麦就大吼：叫你去接妹妹，你耳朵没听到啊！赶紧穿鞋出门！

少年一脸迷茫地看着我。

我很生气地抓起车钥匙下楼，后面跟着一位沉默的少年。

到了车上，我责问他为什么把我的话当耳边风？

小麦说：我没听见啊！我睡得迷迷糊糊，还以为是在做梦啊！

我愣了一下，哦，还真是没收到指令！

扑哧就笑了，我对小麦说：妈妈的生气是建立在你收到指令却不去执行上的，原来你没收到，那妈妈白白生气了一场！原来你的身体站起来，你的眼睛睁开，你的灵魂还没醒呀！

小麦答：是的，灵魂反应没那么快的。

好了，众神归位，一切恢复太平和谐，接到小树，娘儿仨去买了甜滋滋的小蛋糕。

2021 年 1 月 16 日

不强求

今天早上，我带上小麦一起开车进城。

我去菜场买菜，小麦要去买一个文件夹与一个篮球。

出门时看到他的头发有点儿长，我就说了一句：头发该去剪一下了！

205

我一不留神开错了路，没有将车停到菜场附近，而是停到了较远的地方。从停车的地方到菜场，要经过理发店。

后来我觉察一下，其实是潜意识很希望小麦去理个头发。

停好车，穿过大街小巷。

我在前面快步走，小麦绷着脸在后面跟着，走到理发店附近，我回头一看，小麦的脸更沉了，简直冻成了冰块。

我朝他招招手，让他快点走，向他招手的时候，我也完全放下了要把他推进理发店去剪个头发的意念。

小麦很意外，他断定我会拉他去理发店，却发现没有，他的表情一下子变了，也不由得加快了脚步，后来就是娘儿俩并排走，一路走一路聊天，他打开了话匣子，主动讲了很多学校里的故事。

他拐进了新华书店，我说：文件夹与篮球不是都可以在春萍百货买吗？

小麦说：上一个文件夹是新华书店买的，买个一样的就行了。

我说：你是不是觉得选来选去很麻烦，选一样的就简单？

小麦说：是啊，我觉得穿校服最简单，所以就不喜欢穿其他的衣服。

我说：人跟人真是大不同哦，我就喜欢各种各样的尝试。

小麦不再说话，他进去发现新华书店的文具部在装修，没买到文件夹。

后来就在春萍百货买了一个同款。

回来的时候继续聊天，聊了一路。当父母不去强求孩子的时候，也意味着孩子获得了更多的尊重。孩子就愿意与你分享他生活的点点滴滴。

2021 年 2 月 12 日

206

不干预原则

　　小麦同学因为年前去参加编程集训，集训时间加路上时间，一共落下了十三天的作业，五门主课每天都有作业，十三天一共落下的作业真的是一座高山！

　　回来之后，没日没夜补作业。

　　我每天协助他交作业。昨晚八点，叮嘱他补科学作业，我说妈妈晚上有一个个案，我会来收作业的。

　　九点多我上去，小麦见到我就说：我要忏悔，我摸鱼了！

　　他点了一下鼠标，出来一个程序，又点了一下鼠标，又出来一个程序，小麦说：妈，还有一个！

　　我说：好啊，摸了三条鱼，一条清蒸，一条红烧，一条熬鱼汤！

　　小麦笑了！

　　这孩子学什么钻什么！学了编程天天争分夺秒做练习！

　　我说你不能这么欺负一个中年妇女！

　　小麦摊开科学作业开始埋头书写。他一秒就能进入专注状态。

　　半小时后交了两份作业给我，我带小树先睡了，他还在奋笔疾书……

　　很多人羡慕小麦的专注力，专注力不是一天形成的，它是被保护出来的，大家可以看我带小树的方式，最重要的一个原则是"不干预原则"，不闻不问不教，退得远远的，以一个观察者的角度守护着孩子，充分尊重孩子的兴趣，让孩子去探索，并大胆试错。

2021 年 3 月 7 日

选择困难症里的天赋秘密

每次让小麦做选择，二选一他就抛硬币，多选项他就念咒语：一二三四五，上山打老虎……

每次他这么选，我都哈哈哈笑或者使劲翻白眼，不管怎么反应，我这个当妈的心里面很尊重他，小麦懂的。

昨晚叫夜宵，吃的是东门饺子，我让小麦选小菜，小麦说：哎，要不我编个程序，让电脑来选吧！

三下五除二，他就把程序编出来了！

今天，我说你再编一个，把你班男同学的名字输进去，让电脑选一下，看看谁是你的好朋友？

他很快就做出来了！

他敲着回车，看到跳出来的名字，娘儿俩发出了猪叫。

真的，别慌，孩子的一些问题会是天赋的入口，除非你认定它是问题，它就没有机会显化为天赋。

2021 年 4 月 5 日

觉察

装修这么久，今天下午家里是最脏的，满屋子都是灰尘，所有的家具物品全部盖起来，红猪带着小丫头到城里去了，我叮嘱他们晚上八点以后才能回来。小麦戴着口罩在书房里一门心思搞学习，我什么活都干不了，发现小麦有四份作业要打卡，就去提醒小麦打卡，第一次进去他看我一眼，不说话。第二次进去的时候，他说了一句话："我就只想安安静静地编完这个程序。"

我很知趣地退了出来，走到阳台上，开始看我的《红楼梦》。

突然觉察到，如果一个母亲没有自我追求，那真的会对儿女有很多管制。很多自以为是对儿女的负责，其实带给他们的却是束缚。傍晚我再一次进书房，跟小麦商量了晚餐，并对他说"中年妇女如果没有自己的事情做，那就会一天到晚管着儿子，这样的老妈真是太烦了！"

小麦笑了，起身去做运动。

2022 年 4 月 22 日

基督不到的地方

深夜，睡不着。我想一定是下午睡太久了。连梦里都藏着一个梦。梦里的梦里还藏着一首诗。可惜醒来之后都遗失了。这么深长的夜里，应该也是织梦的时候。那么我就织一个梦。我把它写下来，就不会丢失了。这个梦的题目叫作《基督不到的地方》。

（一）

五月，栀子花已经盛开。小麦和他的家人要去宇宙尽头的餐馆，那是在世界的另一端。

"我可能要去很久才会回来，可能永远也不会回来了。不过我会给你写信的，你也要记得写信给我。"

小麦对阿妍说。

所以，每当邮差来过，阿妍就跑到门口的信箱去看一看，信箱上有一个小小的圆孔，可以看到里面是否有信件，虽然阿妍看到了信箱里空空如也，但依然喜欢小心地打开信箱，仿佛在信箱开启的一刹那，小麦的信就会跳出来一样。

可是已经过去三个星期了，信箱里依然空空的。

（二）

阿妍待在房间里。邮差总是在早上九点的时候出现。七点钟阿妍起来，开始数着时间。当九点钟声敲响，邮差自行车轮转动的声音也听得到了。阿妍推开窗户，没等着开口，那个胡子花白的邮差就朝阿妍叫：你的信明天就来啦。

可是这个明天是不是永远不会到来了？

阿妍只好坐在书桌前，摊开纸笔，她努力模仿小麦的笔迹写道：

亲爱的阿妍：

我在宇宙尽头的餐馆里，我一切都好，我很想念你。

然后阿妍把信折成一只纸鹤，放在信封里，写上自己的地址，贴上邮票。把它丢进信箱。

（三）

第二天，当阿妍去取信的时候，发现信箱里躺着两封信，可是我并没有听到邮差到来的声音啊！阿妍觉得很奇怪，又是多么高兴呢。

她紧紧抓着信回到书桌前，她把门和窗户都关得紧紧的，再把窗帘拉起来。仿佛信是一个秘密，稍有闪失，这个秘密就会流传到世间。

阿妍的心怦怦跳，她打开第一封信。是昨天她写的，却又仿佛是小麦写的。她打开第二封信，是一个陌生人写的。

亲爱的阿妍：

我知道等待的日子很漫长。你得去基督不到的地方。这是唯一的线索。

没有署名，好奇怪哦。这什么意思。

（四）

阿妍在这之后的第十七天。她做出一个决定。她觉得为什么要她等待小麦的信呢？她可以主动写一封信给小麦呀。

于是她在信纸上写着：

亲爱的小麦：

后面的内容就写不出来了。写想念吗？觉得不好意思。写那个基督不到的地方？小麦会不会迷惑呢？

阿妍觉得应该找一个清静的地方，好好写这封信。

她特意坐上了28路巴士，到了她与小麦去过的公园。那里有一个美丽的喷泉。她坐在喷泉池边，摊开信纸，喷泉的水突然喷出来，信纸湿了。

于是阿妍去了一个安静的小店，那里有整座城市最好吃的土豆泥。她坐在过道靠右的位置，端着咖啡的服务生经过，突然摔倒，咖啡溅到了信纸上。

于是，阿妍去了太古汇的方所，这次什么都没有发生。阿妍很高兴地准备写字。一个孩子跑过来，挥舞着小拳头，他像一阵风，吹动了信纸，刺啦一声，信纸撕成了两半。

阿妍只好回到家里，夜已经深了。她点了烛光。窗外风吹进来，烛火弯了下腰，信纸焦了。

后来，阿妍跑到屋顶，在月光下铺开信纸。

再后来，后来的后来，小麦收到了一封厚厚的信。

除了"亲爱的小麦"之外就是几张没有写字的信纸。

一张有水渍。

一张有咖啡渍。

一张是破的。

一张烧焦了。

一张布满了月光。

（五）

小麦不知道怎么回信。时间却一天一天过去了。

有一天，小麦听到敲门声。

他打开门一看，原来是顺丰快递。

他搬着一个好大的包裹，上面贴满了邮票。地址是手写的，阿妍的笔迹。

小麦很小心慢慢打开包裹。

一眼就看到了阿妍。

或许在包裹里关太久了，露出很虚弱的笑，她手里举着一张字条：

亲爱的小麦，你愿意与我去基督不到的地方吗？

2021 年 3 月 13 日

孩子考砸了，怎么沟通

（一）

这次期中考试，小麦同学惨遭滑铁卢，数学、英语与科学正常发挥，语文断崖式掉落，掉到 90 分以下了，我在班级群里看到小麦的分数时，也有点儿不敢相信自己的眼睛。

红猪知道后，脸都黑了！然后是一通叨叨，叨我给小麦的赞赏太多，把他宠坏了。叨小麦没有上进心，如此下去，前途要没了！

小麦同学耷拉着脑袋，被他爹训得抬不起头来。让小麦同学反思的时候，他说有一道题是改卷老师改错了，但他与语文老师去讲，分数没改回来。另外失分的部分在课外阅读上。

瞧，他不挺有自知之明的嘛！

我对红猪说：是的，小麦这个问题有点严重，开学考还考年级第一，这次年级前十都没保住，我要好好教训他一下！

我就拉着小麦出门了，我对小麦说：走，妈妈陪你进城去买双球鞋！

（二）

等进了城，我对小麦说：麦，球鞋买一下五分钟就够了，好不容易进城一趟，我们要不要去嗨一下？

小麦拍着手叫起来：好啊好啊！

飞快买好球鞋，我就带着小麦去了水果店，我买了一个榴梿，小麦挑了个红心火龙果。我们让店员把水果料理好装袋，娘儿俩晃荡晃荡，晃到一个小弄，看到路边放着一把旧长椅。

哇，僻静幽暗，真是瞎扯淡的好地方！

于是娘儿俩坐下来，我吃榴梿，小麦吃火龙果，娘儿俩有一句没一句地扯了起来。

小麦开始扯他的同学，他用一两句话把他全班同学的特点都说了一遍。天，这孩子观察力太敏锐了，总结能力也超棒，近五十个同学的特点，他居然能够毫不重复！

我就煽风点火了一下，说：麦，你能不能把全班同学的名字连起来，编成一个故事？

这下好了，孩子展开他丰富的想象力，此处省略五千字……

（三）

现在回想起来，我只记得那个暮春之夜，一个期中考后不太理想的小小少年，被他妈带进城，带到一个僻静的小弄里，坐在一把旧长椅上，吃着榴梿与火龙果，叽叽喳喳说了很多话。头顶上是高大的水杉树新长的叶子，在微风中沙沙轻响。

很多年后，那个小小少年成长为一名成熟的男人，人生中那么多场考试，谁还会记得五年级第二学期的期中考语文的分数呢，但或许这一晚榴梿与火龙果的气息，水杉树叶子的轻响，远处昏黄的路灯投下的光晕会融合变成母爱的印记。

（四）

回到家后，红猪很焦虑地问我跟小麦谈得怎么样？我对红猪说：谈得挺好的，小麦知道自己要精进的是课外阅读，另外他也知道马虎的毛病要改一改了。

第二天，我就抱着小树出门远行了。十天后回到家，在今天看到小麦的语文群里老师公布了这个学期课外阅读的登分表，小麦的分数是98分。

（五）

一个五年级的孩子考砸了，怎么沟通？

这个年纪的孩子，你去跟他讲道理无用，因为道理他都懂。你去跟他谈情绪，有啥好谈的，他有压力就让他自己消化去。要沟通的是因为儿子考场失利而不淡定的父亲，而对儿子最大的帮助是帮他逃脱老爸的说教，创造一段放松悠闲的好时光。

毕竟，自己的人生自己负责，我负责自己，我信任儿子。

2018 年 6 月 30 日

做年轻人的精神导师

前几天吃午饭的时候，我与小麦从每门科目谈起，谈到《社会》正在讲的中国地理，然后谈到了世界地理，谈到了欧洲史，很自然聊到了欧洲大事记，从荷兰的郁金香聊到大航海时代，然后谈到了思潮，讲了共产主义与资本主义。

小麦吐槽说找不到思想有深度的书籍。他看过的书都嫌弃写得太浅了。

我就眼睛发亮，对他说：妈妈推荐你看一本思想巨著，是比尔·盖茨很喜欢看的，我去书架上拿来给你看。

于是我找到那本《当下的启蒙》，六百多页，六十二万字。

他津津有味地看了起来，每天手不释卷，西方思想界已经进入大的转折点，技术的进步一方面正在瓦解我们相对熟悉的秩序，一方面又正在为古典哲学以来的很多观点提供生物学基础，如何理解、回应这样一种时代？一种新的启蒙是有必要的，在这样的阅读过程中，参与这场全球范围内的认知框架的重构，这就是小麦当下的启蒙。

今天早上，我看到他将《当下的启蒙》放在一边，手上捧着《当尼采哭泣》在看。我问他：咦，你把《当下的启蒙》看完啦？

小麦答：是的，我在最后一章，读到了尼采的影响，我突然想到书架上看到过一本《当尼采哭泣》，我就赶紧去书架上找，果然被我找到了。

《当尼采哭泣》的作者是欧文·亚隆。他是团体心理治疗的当代权威。

小麦从哲学入手，现在拐进了心理学领域。

我没有要求他这么做，我只是启发了他踏上思想的幽径，他一门深入、兴致勃勃往内在探索。

很多中学生的父母很焦虑，不知道怎么跟孩子沟通，你讲的孩子不爱听，孩子想什么也懒得跟你讲，到底是孩子的问题还是自己的问题，还是你不懂得与青春期孩子的沟通之道呢？

或者，你家的书架上，有《当下的启蒙》《当尼采哭泣》这样的书籍吗？

2020 年 3 月 11 日

日常交流

昨晚，红猪与小树都睡下了，我与小麦坐着喝茶闲聊，从小时候的黑历史，谈到前程，从学业谈到职业，小麦又浓墨重彩津津有味地谈学校的牛肉面，谈北欧那些国家，谈玛雅文明，谈"三辰杯"，谈自己的特质……

他还表演了一段哑剧，惟妙惟肖，把我笑得前俯后仰。我们一直聊到后半夜两点，被我强行终止！再聊下去就天亮啦！

我们面对面坐着，只开了落地灯。茶桌是幼儿园里淘汰下来，小朋友用过的桌椅。小麦高大的身躯坐在小椅子上，小树新买了一个巨大的恐龙气球飘浮在天花板上。

我们娘儿俩像两个天真的孩子，叮叮咚咚，不着边际说着笑着。这样的谈话里没有试探，没有操控，没有驯服，是信任、真诚与仁慈。

这个从我的身体里剥离出来的生命，也从我的精神世界里独立出来了。我笑意盈盈地看着面前这个目光炯炯的大男孩，带着敬意、尊重与欣赏。他与我是不同的，我们面前隔着桌子，心理上也有着清晰的边界。

热茶一盏接着一盏续着，我们的身心都如恐龙气球般轻盈柔软。

一个孩子被认可，感到自己的重要性，得到归属感。他感受到了安全与独立，就会向你无限敞开。

所有对父母防御甚至到公然对抗或撒谎欺骗的孩子，他们不是为了逃离父母，逃离家庭，相反，都渴望与父母有这样的交流。

孩子所有的问题都是召唤，召唤父母醒来。

2021 年 4 月 23 日

压垮骆驼的稻草

上个周末，青田开侨博会，红猪值班，我带着俩孩子去李医生家里吃午饭。小麦背着一书包书出门，在叔叔家里，他埋头看书，带出去逛侨博会，也是那个视外在一切喧闹为浮云，一有机会就翻书看的男孩。

傍晚让他抱着妹妹去找爸爸，将妹妹交给爸爸，他就走开了。后来他好像有情绪，回到家就把自己关到了房间里，晚饭也不出来吃。那天晚上，他也把自己关在房间里，没有回床上睡觉。第二天早上，他还把自己锁在里面，我从阳台的窗口递早餐给他，问他什么时候出来，他说要待满二十四小时就出来。

他说到做到，所以中午饭也是我从窗口递进去的，一直到傍晚才出门。接下去一切恢复常态。

到现在，我也不知道是什么原因，让他把自己关起来。虽然我不知道他的心里发生了什么，但我尝试理解我的孩子。我不会苛责他"怎么这么矫情执拗，有什么事不好表达，不好商量，把自己关起来干吗？"

为什么我能够这么理解他呢？

一方面，孩子的世界真的很小，我们不能以一个为人父母的成年人的心理承受能力去要求他们；另一方面，导致他把自己关起来，不想面对外面的世界，根本不是那一天发生的什么小事，而是之前 N 次的可能不被尊重、不被爱而积攒下来的烦扰。

在十多岁的年纪，世界对他来说，只有学校和家，在学业上，每个孩子都有压力的，就像我们成年人，不管做什么工作，是喜欢的还是不喜欢的，压力都有的。孩子在学校会累积一些压力，难道我们做父母的，就能给孩子百分之百符合他心意的爱吗？当然也是不能的啊！

成年人资源多，会自己给自己构建不被伤害的心理屏障。但假如是十四岁的我呢？

我做不到。对十四岁的我来说，我手上空无一物，老师和家长都是高高在上的绝对权威。产生了负面情绪，我无法攻击他们，如果我把自己锁在房间里，就像一只受伤的小兽，找一个洞穴疗伤，如果这都不被允许，这样的做法都得不到尊重，那么，这个孩子就会向内攻击自己，就会感到孤零零的无力和绝望，是失去支撑、世界轰然崩塌的那种绝望。

而这种绝望感如果一次次涌进孩子狭小单薄的世界，一次次让他坚信自己不被爱，不被看见，不被理解……那他也就会坚信，活着就是一种折磨。

我们看新闻，看到一些孩子跳楼的案例，不免会责怪现在的孩子怎么这么脆弱，怎么这么轻视自己的生命？你以为压垮他的，是你刚刚放上去的这一根稻草吗？不，是你曾经砸向他的每一根。

2021 年 2 月 21 日

爱基于理解

一

昨天晚上，小树与红猪都睡了，我去楼上书房调制了一个薄荷膏的试用装，小麦还趴在榻榻米上看书。

我跑过去对他说：麦，你身上哪里被蚊子咬了？快，妈妈帮你处理一下。

小麦放下书，笑眯眯地朝向我，甜滋滋地说了一句：妈妈最爱我了。

我一边给小麦的脚踝涂薄荷膏，一边问他：麦，这个薄荷膏是我新做的，涂上去什么感觉？凉不凉？有没有止痒？

小麦把头埋到枕头里，发挥出他的戏精本色：呜呜呜，原来"麻麻"是拿我当试验品。

瞧，你的真实用意孩子一目了然啊！

二

今天晚餐的时候，小麦说起这次的听写测试，他是满分。

然后关于考试这个话题，我们就展开来讲了很久。

我对小麦说：成年人也每天在考试，一件事情发生的时候，就像是一张试卷，如果把事情处理得很圆满，就是满分；如果事情搞砸了，那就是不及格。像你爸，天天在考我，我早上又被他骂了。

小麦说：反正他的骂就是爱。你知道这一点就每次都考满分。

220

三

人有十二感官，分为三类，分别是：意志的感官、感受的感官与灵性的感官。

教育呢，分为三个主要阶段，零至七岁、八至十三岁、十四至二十一岁。

在零至七岁这个阶段，让我们的孩子了解并关心生活周遭的物质与活动，建立一个能够滋养儿童感官的环境，让小朋友们体验到这个世界的"善"。因为这是他们往后的安全感及自信的来源。

八至十三岁这个阶段，父母与老师若能创造性地引领我们的孩子，用一些新颖的教导方式唤醒孩子们的感受生命就很好，在这个阶段，最重要的是建构一座桥梁，利用这座桥梁将小朋友与周遭世界联结，让他们自由地生活在其中。让我们的孩子体验到这个世界的"美"。

而到了十四至二十一岁，孩子们面临新的挑战，各种感官的知觉与他的内在生命会开始区分开来，孩子们学会了用客观的方式来看待人、事、物。同时，他们也领悟到：没有人是完美的。行为可以有好坏对错、信念可以有是非黑白，但背后都有正面动机。

他们逐渐地明白了，什么是"真"。

四

如果对一个三岁的小孩子，教他如何撒谎是危险的，孩子会完全吸收周遭的一切，而发展变成自己的品质。

但十三岁的小麦已到了求"真"的门槛边缘，他已经有能力区别妈妈谎言的背后有对他及他父亲深深的爱。

他能洞悉到父亲的模式，能觉察到自己的情绪，也懂得向母亲寻求支援。他与事件是有间隙的。

一个较真的人很容易陷入非黑即白模式，而失去了行为的灵活性，缺少弹性的生命很硬，容易受伤，也容易伤人。

在一些小孩子身上，我们会看到他们"较真"的模式，比如认定了这样，就不能那样。这个时候，不要着急教导他们做新的选择，而是保护好他们的决定，因此也保护了他们的力量。

（五）

生命的成长无可避免。小麦已慢慢褪去童真，以不可逆转的步伐大步迈向他的青年时代，身为母亲，我无法为他扫清一切人生障碍，我只能示范一个人可以如何移开眼前的障碍，快速从事件中突围，而活进新的画面。我希望他在生活遭受无常袭击时，有力量自救及救人，有智慧活出"凡事都有三个以上的选择"。

爱基于理解，懂得孩子在各个年龄段的身心发展规律，是每个父母的必修课啊！

2018 年 6 月 7 日

你在习得什么

晚上回到家，推开家门，小麦抱着小树从楼上下来，兄妹俩笑眯眯看着我，小树甜甜地喊了一声"妈妈"，我从小麦手中接过小树，把她抱在怀里，对小麦说：书包里有两个苹果。

小麦去水槽边洗，我告诉小麦一个拿给楼上的爸爸，另外一个给妹妹。

小树很开心吃苹果，我与小麦说着话，他说这两天小树都是他带的，他说楼上那个男人被星空和花园抓走了。

我让小树分苹果给小麦吃，我说哥哥那么照顾你，你分享苹果给哥哥吃。

小树听懂了，将苹果递给哥哥，小麦轻轻地咬一口，对小树说：小树你知道吗？按我的实力，我咬一口就可以咬下四分之一，可是我才咬了那么一点点。

我跟着说：是的，妈妈知道你非常爱护妹妹。

娘三个凑在一起亲亲热热聊了会儿天，夜慢慢地深了，小麦先去睡觉，小树陪着我拆了几个包裹，我把小树抱起来说：小树该睡觉了。然后我关了客厅的灯。小树趴在我的肩膀上很快就沉沉睡去，我把她轻轻地放在床上，她睁开眼睛看了我一眼，翻个身静静睡着了……

我在社群里讲了一节课，准备签一堆书。红猪从楼上下来，他去厨房将明天早上的白粥定时功能开起来，他叮嘱我也快去睡觉。

临睡前写下这段文字，岁月安稳静美，这都是习得来的。很多人习得性无助，却不知可以掉头去习得快乐。

你在习得什么？

2020 年 4 月 30 日